prima.nova

Spielen und Rätseln

C.C.Buchner

prima.nova Palette

Herausgegeben von Clement Utz und
Andrea Kammerer.

prima.nova Spielen und Rätseln wurde erarbeitet von
Johanna Butz.

Über weiteres fakultatives Begleitmaterial zu prima.nova informiert Sie
C.C.Buchner Verlag · Postfach 1269 · D 96003 Bamberg.

Abbildungen S. 18 u. 56: akg-images/Gilles Mermet

1. Auflage, 4. Druck 2019
Alle Drucke dieser Auflage sind, weil untereinander unverändert, nebeneinander
benutzbar.

Lektorat: Jutta Schweigert
Layout und Satz: tiff.any GmbH, Berlin
Illustrationen: tiff.any GmbH, Berlin/Heimo Brandt
Umschlaggestaltung: HOCHVIER GmbH & Co. KG, Bamberg
Druck und Bindung: creo Druck & Medienservice GmbH, Bamberg

www.ccbuchner.de

ISBN 978-3-7661-7984-5

Liebe Schülerin, lieber Schüler!

Mit den Spielen und Rätseln in diesem Heft kannst du dich allein oder zusammen mit Klassenkameraden, zu Hause oder in einer Freistunde beschäftigen – und dabei ganz nebenbei im Lateinischen sicherer werden. Denn in einer ungezwungenen Atmosphäre fällt das Üben und Wiederholen leicht, ja, es macht sogar Freude. Probier es einfach aus!

Viel Spaß dabei!

Liebe Kollegin, lieber Kollege!

„Spielen ist eine Tätigkeit, die man gar nicht ernst genug nehmen kann." Gibt es ein besseres Motto für das vorliegende Heft als diesen Satz von Jacques-Yves Cousteau? Die hier präsentierten Spiele und Rätsel bieten dem Lernenden einen motivierenden spielerischen Zugang zum Lateinischen. So kann man sie bei der häuslichen Vorbereitung, im Rahmen des Intensivierungs- oder Förderunterrichts, bei der Wochenplanarbeit, aber auch als auflockerndes Element im „ganz normalen" Lateinunterricht gewinnbringend einsetzen. Als besonders motivierend dürfte sich erweisen, dass die Lernenden oftmals auch zu zweit oder in der Gruppe spielen oder rätseln können.

Die praktische Umsetzung der vorgelegten Ideen ist in der Regel ohne besondere Vorbereitung und ohne großen Aufwand möglich. Nur in seltenen Fällen benötigt man Material, das über das hinausgeht, was sich ohnehin in einer Schultasche findet. Alle Energie soll ins Vertiefen, Üben und Wiederholen fließen, nicht in uneffektive Vorarbeiten. Wo nötig, ist den Materialien eine kurze Erläuterung vorangestellt. Alles Weitere werden Sie als Fachleute und Praktiker einfallsreich auszugestalten wissen.

Latein – ein alter Bekannter

Lies den folgenden Text aufmerksam durch.

Zwei Freunde

1 Felix wartete an der Ampel auf Benedikt, den Sohn eines Kollegen seines Vaters aus der Kanzlei. Benedikt war in der Regel pünktlich. Er war ein komischer Kerl, der gern den Clown spielte; jetzt ging er in ihrer gemeinsamen neuen Schule, einem Gymnasium, in die gleiche Klasse wie Felix.

5 Da kam Benedikt auch schon um die Ecke der Konditorei, in der es prima Bonbons gab. Heute polierte er noch schnell seine Brille, setzte sie sich aber gleich auf die Nase, als er Felix sah.

„Gestern habe ich einen neuen Computer bekommen!", rief er schon von weitem. „Total nobel! Das Internet ist jetzt viel schneller als bei meinem alten PC." „Optimal!", gratulierte Felix. Diese Neuigkeit imponierte ihm.

10 Nachdem Benedikt die Straße überquert hatte, fachsimpelten die beiden neuen Freunde weiter: über Tastaturen, Monitore und Displays. Als sie am Dom entlangspazierten, kamen sie aber auch auf bevorstehende Prüfungen zu sprechen. Schließlich stand heute ein Vokabeltest bei Dr. Kaufmann an. Auch diskutierten sie interessiert, ob ein Extemporale in Biologie bevorstand.

15 Ob die beiden Jungen sich bis zum Abitur so gut verstehen werden?

Ist dir etwas Besonderes aufgefallen? Vermutlich nicht. Und doch sind in diesem Text etwa 40 Wörter enthalten, die ihren Ursprung im Lateinischen haben. Man bemerkt dies gar nicht mehr, weil diese Vokabeln uns allen sehr vertraut sind. Wer würde schon vermuten, dass die Begriffe „Ampel" oder „Internet", die aus unserem modernen Leben nicht mehr wegzudenken sind, von lateinischen Wörtern abstammen? All dies wirst du beim Erlernen der lateinischen Sprache – oftmals mit einem „Aha!" – entdecken.

1. Erkläre nun die Begriffe

a) Bonbon (Z. 5) **b)** Computer (Z. 7) **c)** total (Z. 7) **d)** optimal (Z. 8)

Zur Erleichterung dieser Aufgabe erhältst du eine kleine Wörterliste.

bonus: gut **computare:** zusammenrechnen **totus:** ganz **optimus:** der Beste

2. Natürlich gibt es noch sehr viel mehr Wörter, die dem Lateinischen entstammen und uns im Deutschen täglich begegnen. Im Kasten findest du einige davon. Ordne sie zu sechs Vierergruppen und finde für jede Gruppe einen Oberbegriff.

Addition – Altar – Dirigent – Division – Duo – Dur – Fenster – Hostie – Instrument –
Kardinal – Käse – Keller – Kur – Mauer – Medikament – Multiplikation – Öl – Patient – Pille –
Rettich – Sakristei – Subtraktion – Villa – Wein

Domino

prima.nova, Kap. 1

Schneide die Dominokarten aus. Nimm dann die Karte mit dem Wort **INITIUM** (Anfang) und lege sie vor dich hin. Nun suchst du die richtige Übersetzung für das Nachbarwort und legst sie an, bis du eine lange „Schlange" mit einem Lösungssatz vor dir liegen hast. Du kannst natürlich auch mit der **FINIS**-(Ende-)Karte beginnen und dich von hinten nach vorn durcharbeiten. Wenn du die Karten in einem Briefumschlag aufbewahrst, kannst du das Domino später noch einmal legen. Tipp: Mehr Spaß macht es natürlich, wenn ihr das Domino zu zweit legt – z. B. um die Wette.

U gaudere	S gaudet	I salve	O ridet	N adesse	■ properat
er steht	seid gegrüßt	sie bittet	bitten	es ist	sein

? adest	T rogare	stat	FINIS	■ properare	S ridere
schreien	sie schreit	INITIUM	es ist da	sei gegrüßt	eilen

E est	R esse	T clamare	B rogat	A clamat	E salvete
lachen	er lacht	sie freut sich	sich freuen	da sein	sie eilt

Kreuzworträtsel

prima.nova, Kap. 1

Übersetze die Begriffe ins Lateinische.

Waagrecht

- **1.** wo?
- **4.** plötzlich
- **5.** Marktplatz
- **6.** und, auch
- **8.** hier
- **10.** Rathaus
- **12.** sie lacht
- **14.** es steht
- **16.** sei gegrüßt!

Senkrecht

- **2.** dort
- **3.** eilen
- **4.** Sklave
- **7.** denn, nämlich
- **9.** laut rufen
- **11.** er ist da
- **13.** Menschenmenge
- **15.** da, damals, darauf, dann

Fachausdrücke am laufenden Band

prima.nova, Kap. 2

Wie lauten die Fachausdrücke für die angegebenen deutschen Begriffe? (ä = ae)

Wenn alles richtig ausgefüllt ist, ergibt sich unten ein lateinischer Lösungssatz, den du ins Deutsche übersetzen kannst.

1. Fall   ___ ___ ___ ___ ___ ___ ___ ___ ___
           17   21

ein Hauptwort beugen   ___ ___ ___ ___ ___ ___ ___ ___ ___ ___
           3

ein Zeitwort beugen   ___ ___ ___ ___ ___ ___ ___ ___ ___
           12

Einzahl   ___ ___ ___ ___ ___ ___ ___ ___
           16

Fall   ___ ___ ___ ___ ___
           8

Gegenwart   ___ ___ ___ ___ ___ ___ ___ ___
           1   18

grammatische Geschlechter   ___ ___ ___ ___ ___ ___
           7

grammatisches Geschlecht   ___ ___ ___ ___ ___
           2

Grundform des Zeitworts   ___ ___ ___ ___ ___ ___ ___ ___ ___
           20

Hauptwort   ___ ___ ___ ___ ___ ___ ___ ___ ___ ___
           11

Mehrzahl   ___ ___ ___ ___ ___ ___
           15   13

Satzaussage   ___ ___ ___ ___ ___ ___ ___ ___
           9

Satzgegenstand   ___ ___ ___ ___ ___ ___
           4

Zeitwort   ___ ___ ___ ___
           10

Zahl (also Singular bzw. Plural)   ___ ___ ___ ___ ___ ___
           14   5

Übereinstimmung zwischen Satzaussage und Satzgegenstand   ___ ___ ___ ___ ___ ___ ___ ___
           6   19

Lösungssatz:

___ ___ ___ ___ ___   ___ ___ ___ ___ ___ ___ ,   ___ ___ ___   ___ ___ **D** ___
1   2   3   4   5   6   7   8   9   10   11   12   13   14   15   16   17

___ ___ ___ ___ .
18   19   20   21

Deutsche Übersetzung: ....

....

Ein Missgeschick am Computer

prima.nova, Kap. 2

Ein Schüler deiner Klasse hat sich in einer Tabelle die Singular- und Pluralformen verschiedener Substantive und Verben notiert. Leider hat er zum Schluss einen kleinen Fehler gemacht: Bei den Singularformen hat er jeweils die Vokale (Selbstlaute) gelöscht, bei den Pluralformen alle Konsonanten (Mitlaute). Fülle alle Lücken.

Singular	Plural
s ___ n ___ t ___ r	___ e ___ a ___ o ___ e ___
f ___ r ___ m	___ o ___ a
s ___ rv ___ s	___ e ___ ___ i
pr ___ p ___ r ___ t	___ ___ o ___ e ___ a ___ ___
t ___ rb ___	___ u ___ ___ ae
g ___ ___ d ___ t	___ au ___ e ___ ___
___ q ___ ___ s	e ___ ui
r ___ d ___ t	___ i ___ e ___ ___
pr ___ ___ m ___ ___ m	___ ___ ae ___ ia
___ cc ___ d ___ t	a ___ ___ e ___ u ___ ___
l ___ d ___ s	___ u ___ i
v ___ c ___ t	___ o ___ a ___ ___
st ___ t	___ ___ a ___ ___
c ___ rr ___ t	___ u ___ ___ u ___ ___
p ___ t ___ t	___ a ___ e ___ ___
p ___ rt ___	___ o ___ ___ ae
s ___ rg ___ t	___ u ___ ___ u ___ ___
s ___ gn ___ m	___ i ___ ___ a
t ___ c ___ t	___ a ___ e ___ ___
v ___ ct ___ r	___ i ___ ___ o ___ e ___
___ m ___ c ___ s	a ___ i ___ i
d ___ t	___ a ___ ___

Akkusative, nichts als Akkusative

prima.nova, Kap. 3

Wenn du alle Akkusativformen richtig bildest, ergibt sich in der farbig unterlegten Spalte ein Lösungssatz, den du ins Deutsche übersetzen kannst.

die Tempel
die Freundin
die Gebäude
die Basiliken
die Kaufleute
das Tier
den Marktplatz
das Geschrei
die Frauen
die Rennbahn
die Freunde
das Volk
die Läden
den Sieger
die Spiele
das Zeichen
die Tore

Lösungssatz:

....

Deutsche Übersetzung:

....

Trimino

prima.nova, Kap. 3

Dieses Legespiel kannst du allein oder mit einem Partner/einer Partnerin spielen. Schneide zunächst die Dreiecke aus. Lege dann die zusammengehörigen deutschen und lateinischen Wortbedeutungen aneinander. Wenn du alles richtig gemacht hast, ergibt sich eine geometrische Figur.

und, auch
ante
(hin)durch
da(mals), dann
sei gegrüßt!
diu
nicht mehr
heute
warum?
nunc
aber, andererseits
salve(te)!
denn, nämlich
dort
cur
jetzt, nun
plötzlich
ibi
quis?
non
et
endlich
nicht
ubi?
was?
per
etiam
deshalb
aber, sondern
quid?
schau(t)!
hodie
schon, nun
an, bei, nach, zu
autem
schließlich, zuletzt
tum
auch, sogar
subito
sofort
iam
wer?
nam
sei(d) gegrüßt!
sed
(nahe) bei
lange Zeit
vor
tandem
wo?
itaque
apud
hier
ave!
non iam
denique
hic
ecce
statim
ad

Wortbedeutung gesucht
Repetitio

Viele lateinische Wörter haben im Deutschen mehrere, oft ganz unterschiedliche Entsprechungen. Notiere zu den folgenden lateinischen Wörtern alle deutschen Übersetzungen. Einige Bedeutungen sind bereits angegeben – allerdings in Geheimschrift.

rogare   (ερ)βιττεν, ...

taberna   λαδεν, ..., ...

patere   ωζζενστεφεν, ...

vocare   ρυζεν, ...

praemium   (σιεηεσ-)πρεισ, ...,

                  ....

videre   σεφεν, ...

petere   (αυζ)συγφεν, (ερ)στρεβεν, ...,

                  ....

spectare   βετραγφτεν, ...

signum   κερψκαλ, ...

intrare   βετρετεν, ...

ludus   σπιελ, ..., ...

contendere   ειλεν, ...

delectare   ερζρευεν, ...

turba   κενσγφενκενηε, ...,

                  ....

tollere   αυζφεβεν, ιν διε φφφε φεβεν, ...

relinquere   υνβεαγφτετ λασσεν, ςερλασσεν, ...

forum   καρψτπλατθ, ζωρυκ, ...

Sechsblättrige Kleeblätter?

Repetitio

Male bei jedem der Kleeblätter drei Blätter farbig aus, sodass sich acht sinnvolle Sätze ergeben. Jeder dieser Sätze besteht aus Subjekt, Prädikat und Objekt.

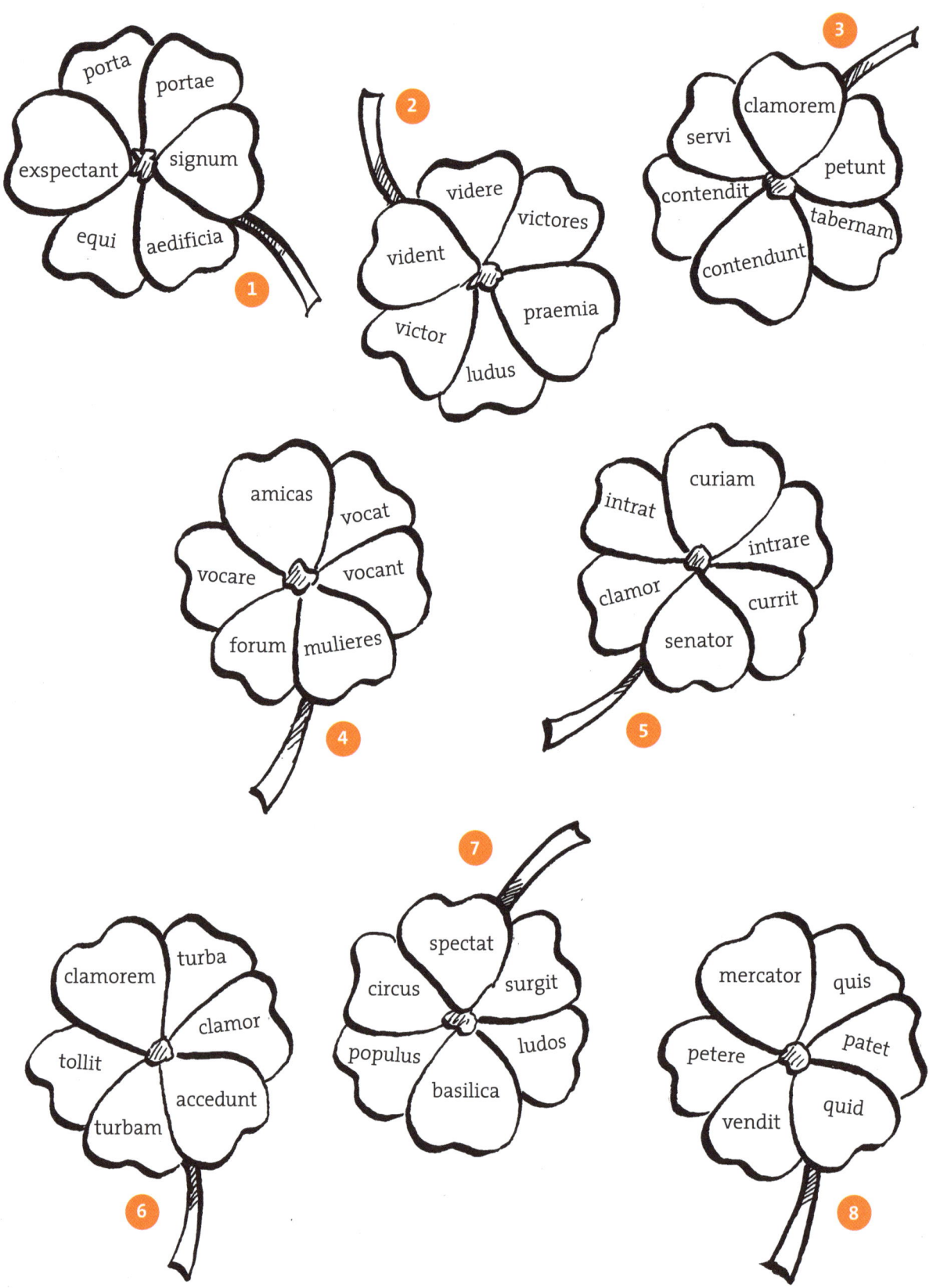

Bitte Ordnung schaffen

prima.nova, Kap. 4

Schneide alle Kärtchen aus. Sortiere sie dann den Überschriften entsprechend neu. Welche Formen sind – nach deinem Kenntnisstand – eindeutig Nominativ-, Akkusativ- oder Ablativformen, welche sind zweideutig? Tipp: Mehr Spaß macht es natürlich, wenn ihr zu zweit mit einem anderen Team „um die Wette ordnet". Wenn ihr fertig seid, tauscht ihr eure Plätze mit der anderen Gruppe und überprüft, ob die beiden Mitstreiter einen Fehler gemacht haben.

Mehrdeutige Form Nom./Akk. Pl.	amicam	forum	senem	vinum
Mehrdeutige Form Nom./Akk. Sg.	praemio	thermas	thermae	fures
Mehrdeutige Form Nom./Abl. Sg.	turbae	adulescentibus	clamore	ludos
Eindeutige Form Abl. Pl.	servis	dona	basilica	mulier
Eindeutige Form Abl. Sg.	tabernas	pecunia	signum	vestem
Eindeutige Form Akk. Pl.	curia	amicum	mercator	ludo
Eindeutige Form Akk. Sg.	victores	uxore	bestiis	templum
Eindeutige Form Nom. Pl.	basilicae	senator	signa	porta
Eindeutige Form Nom. Sg.	populus	circos	equi	aedificiis

Kreuzablativrätsel

prima.nova, Kap. 4

Bilde die entsprechenden Ablativformen, ohne den Numerus zu verändern.

Waagrecht

- **3.** basilicae
- **5.** populus
- **10.** ludus
- **11.** circus
- **13.** praemia
- **14.** senex
- **15.** adulescentes
- **18.** amici
- **20.** equi
- **21.** porta
- **22.** aedificium

Senkrecht

- **1.** vinum
- **2.** donum
- **4.** fures
- **6.** tabernae
- **7.** uxores
- **8.** clamor
- **9.** fora
- **12.** vestis
- **13.** pecunia
- **15.** amica
- **16.** bestiae
- **17.** servi
- **19.** templa

Satz gesucht

prima.nova, Kap. 5

Übersetze die Formen ins Lateinische. Wenn du danach die nummerierten Buchstaben unten einsetzt, erhältst du einen Lösungssatz. Übersetze ihn auch mündlich ins Deutsche.

a) du bist ___ ___
           7

b) er zögert ___ ___ ___ ___ ___ ___
           2   27

c) ich melde ___ ___ ___ ___ ___
        1   28

d) sie kämpfen ___ ___ ___ ___ ___
             29   30

e) es schmerzt ___ ___ ___ ___
        19

f) sie antworten ___ ___ ___ ___ ___ ___ ___ ___ ___
    20   9

g) wir müssen ___ ___ ___ ___ ___ ___
              23

h) ihr freut euch ___ ___ ___ ___ ___ ___
               16

i) sie macht halt ___ ___ ___ ___ ___ ___ ___
         26   21

j) du verteidigst ___ ___ ___ ___ ___
            3

k) ihr seid ___ ___ ___ ___
        8

l) er verehrt ___ ___ ___
   17   13

m) wir leben ___ ___ ___ ___ ___
   15   11

n) ihr nehmt ___ ___ ___ ___
     6   4

o) sie legen ab ___ ___ ___ ___ ___
         24

p) ich fülle an ___ ___ ___ ___ ___
  10

q) du liebst ___ ___ ___
      14

r) ich lobe ___ ___ ___ ___
   22

s) wir denken ___ ___ ___ ___ ___
        5   25

t) ich betrete ___ ___ ___ ___
     18 12

Lösungssatz:

___ ___ ___ ___ ___ ___ ___   ___ ___   ___ ___ ___ ___ ___
1 2 3 4 5 6 7   8 9   10 11 12 13 14

___ ___ ___ ___ ___ ___ ___ ___ ___   ___ ___ ___ ___ ___ ___ ___
15 16 17 18 19 20 21 22 23   24 25 26 27 28 29 30

Formenrallye
prima.nova, Kap. 5

Bildet Zweier- oder Dreiergruppen und schneidet alle Kärtchen aus. Legt die Karten umgedreht in die Mitte des Tisches. Der Erste zieht eine Karte, dreht sie um und liest die lateinische Form vor. Der andere (bei Zweiergruppen) bzw. der rechts sitzende Mitspieler (bei Dreiergruppen) übersetzt ins Deutsche. Ist die Übersetzung richtig, bekommt er die Karte und legt sie vor sich auf den Tisch. Jetzt darf er eine Karte ziehen und die Frage stellen usw. Die zweite Karte, die man erhält, wird an die erste angelegt, sodass allmählich eine „Schlange" entsteht, die anzeigt, wie viel man schon gewusst hat. Karten mit Formen, die nicht richtig übersetzt wurden, werden vorerst beiseite gelegt und erst dann wieder ins Spiel genommen, wenn der ursprüngliche Kartenpool in der Tischmitte aufgebraucht ist. Gewonnen hat, wer die längste „Schlange" vor sich liegen hat. Selbstverständlich kann man – als Spielvariante – auch die deutschen Formen vorlesen und ins Lateinische übersetzen lassen. Tipp: Ein einzelner Schüler kann sich auch mit Hilfe der Karten abfragen.

sum ich bin	es du bist	est es ist	sumus wir sind	estis ihr seid	sunt sie sind	esse sein
dubito ich zögere	nuntias du meldest	dubitat er zögert	nuntiamus wir melden	pugnatis ihr kämpft	pugnant sie kämpfen	tollere aufheben
respondeo ich antworte	doles du bedauerst	debet sie muss	respondemus wir antworten	debetis ihr müsst	dolent sie bedauern	patere offenstehen
gaudeo ich freue mich	consistis du machst halt	defendit sie verteidigt	consistimus wir machen halt	defenditis ihr verteidigt	gaudent sie freuen sich	spectare betrachten
colo ich pflege	vivis du lebst	colit sie pflegt	vivimus wir leben	sumitis ihr nehmt	sumunt sie nehmen	dare geben
compleo ich fülle an	deponis du legst ab	complet er füllt an	deponimus wir legen ab	cogitatis ihr denkt	cogitant sie denken	tacere schweigen
amo ich liebe	laudas du lobst	laudat er lobt	amamus wir lieben	relinquitis ihr verlasst	relinquunt sie verlassen	currere laufen
video ich sehe	vendis du verkaufst	delectat es erfreut	vendimus wir verkaufen	delectatis ihr erfreut	vident sie sehen	surgere aufstehen

Wie geht's weiter?

prima.nova, Kap. 6

Bilde in jedem Kästchen eine richtige Verbform. Schneide danach die Puzzleteile unten aus. Die Zahlen neben den richtigen Buchstaben im Gitter verraten dir, welches Puzzleteil du an die entsprechende Stelle des Gitters legen musst. (Beispiel: Im ersten Feld links oben ist „delectamus" richtig. Deshalb kommt Puzzleteil Nr. 6 nach links oben.)

delect …	deb …	exspect …	viv …	gaud …
… amus (**6**)	… atis (**9**)	… at (**2**)	… o (**8**)	… o (**6**)
… emus (**2**)	… etis (**13**)	… et (**3**)	… eo (**3**)	… eo (**10**)
… imus (**10**)	… itis (**4**)	… it (**19**)		
iub …	mitt …	ostend …	toll …	respond …
… at (**8**)	… amus (**1**)	… ant (**19**)	… amus (**17**)	… amus (**7**)
… et (**9**)	… emus (**18**)	… ent (**18**)	… emus (**11**)	… emus (**4**)
… it (**5**)	… imus (**16**)	… unt (**5**)	… imus (**12**)	… imus (**20**)
rog …	orn …	plac …	intr …	port …
… as (**15**)	… o (**1**)	… amus (**11**)	… at (**18**)	… atis (**20**)
… es (**20**)	… eo (**13**)	… emus (**19**)	… et (**16**)	… etis (**2**)
… is (**6**)		… imus (**12**)	… it (**15**)	… itis (**5**)
em …	dol …	am …	col …	rid …
… ant (**14**)	… as (**4**)	… atis (**14**)	… as (**10**)	… ant (**13**)
… ent (**7**)	… es (**11**)	… etis (**12**)	… es (**16**)	… ent (**7**)
… unt (**17**)	… is (**8**)	… itis (**17**)	… is (**3**)	… unt (**1**)

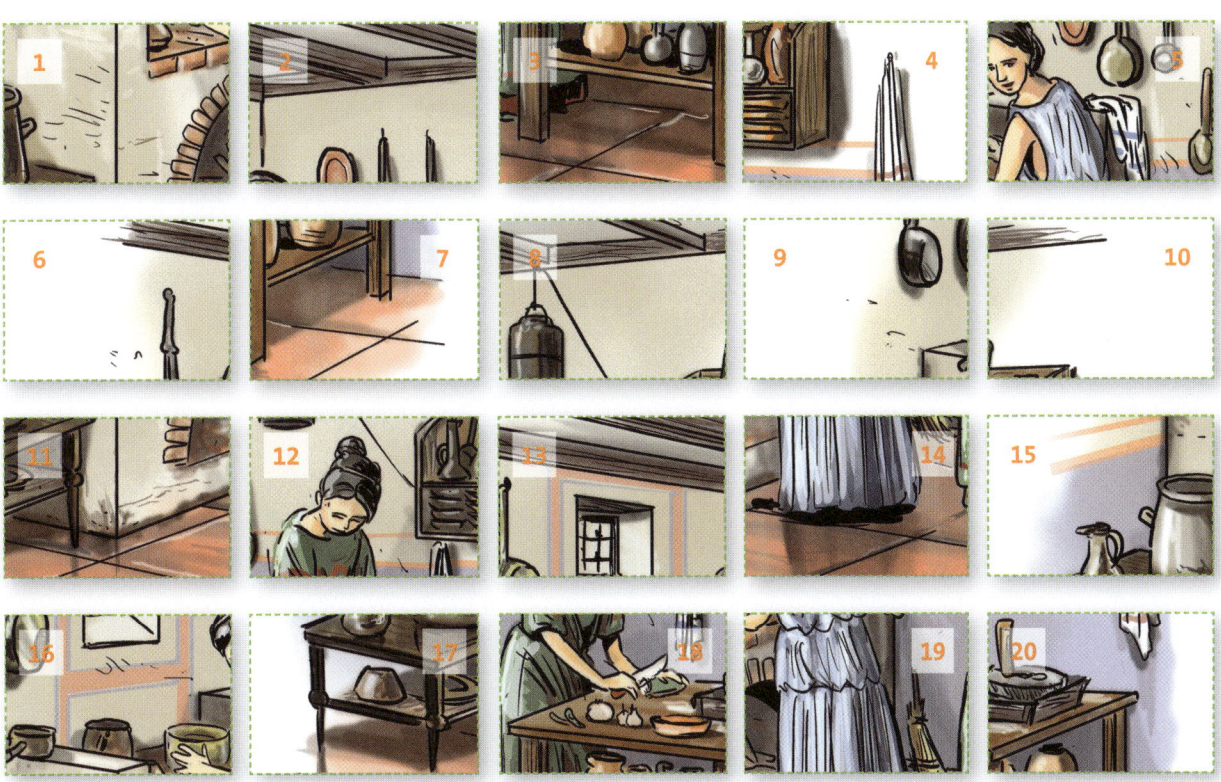

A. Die Imperativpyramide
prima.nova, Kap. 6

Wenn du die Imperativpyramide richtig ausfüllst, ergibt sich in den nummerierten Kästchen der Grundsatz des Benediktinerordens. Übersetze ihn mündlich.

1. geh!
2. sei!
3. liebe!
4. befiehl!
5. betritt!
6. seht!
7. lobt!
8. denkt!
9. zeigt!
10. antwortet!

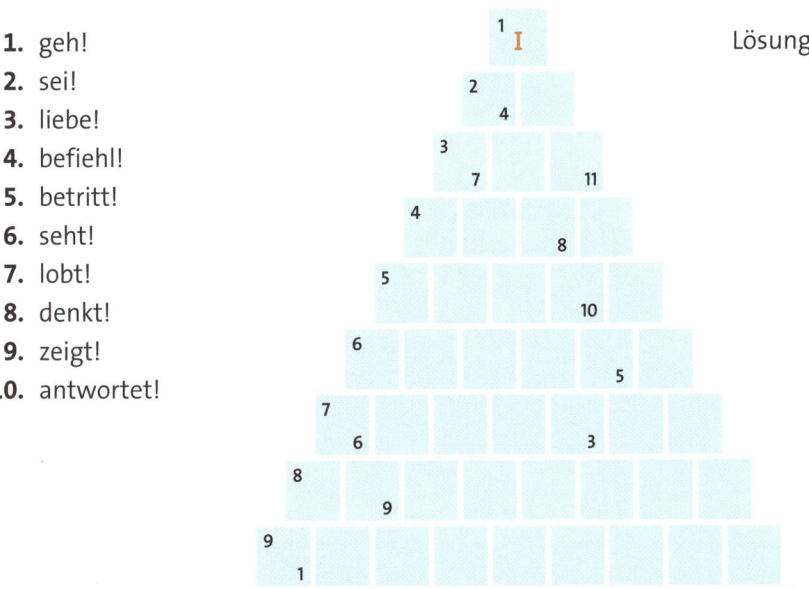

Lösungssatz: ___ ___ ___   ___ ___
1   2   3   4   5

___ ___ ___ ___ ___ ___ !
6   7   8   9   10 11

(orare: beten)

B. Alles endet mit o
prima.nova, Kap. 6

Übersetze die folgenden Begriffe und trage sie in den Halbkreis ein. Alle enden mit dem Buchstaben o.

1. ich lege ab
2. ich komme herbei
3. ich freue mich
4. ich betrachte
5. ich denke
6. ich zögere
7. ich melde
8. ich arbeite
9. durch das Volk
10. ich gefalle
11. durch den Tempel
12. plötzlich

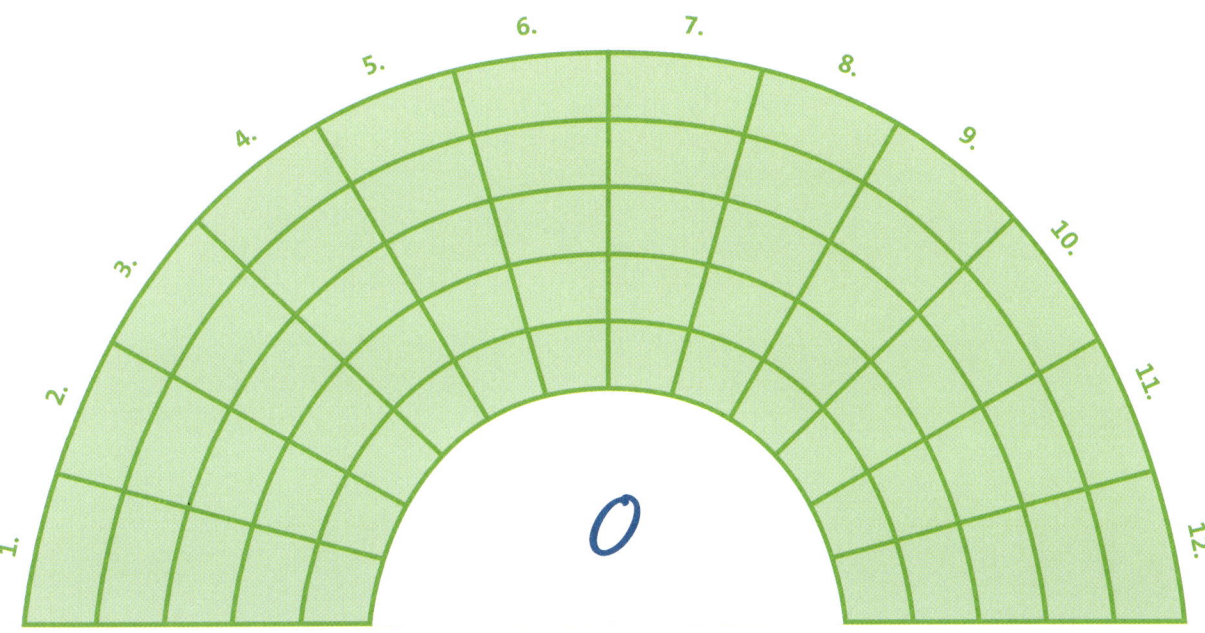

A. Was tut sich auf dem Forum?

Repetitio

Setze die Wörter nach den Präpositionen in den richtigen Kasus, ohne den Numerus zu verändern.

- Marcus cum (uxor) .... [A] in (forum) .... [B] stat. Ante (curia)

  .... [C] amicos exspectant.

- Domini sine (uxores) .... [D] de (Capitolium) .... [E] accedunt et ad

  (taberna) .... [F] currunt.

- Dominae apud (basilica) .... [G] sunt et per (portae) .... [H] in

  (aedificium) .... [I] apud (templa) .... [J] properant.

- Liberi e (ludus) .... [K] contendunt et pro (aedis) .... [L] circum

  (senex) .... [M] currunt.

Was sich noch auf dem Forum ereignet, erfährst du, wenn du einen weiteren Satz bildest. Der erste Buchstabe z. B. ist ein F, weil das der **erste** Buchstabe des Wortes *foro* ist, das oben in die Lücke **B** passt. Usw.

___ ___ ___ ___ ___   ___ ___ ___ ___ ___ ___ ___   ___ ___ ___ ___ ___ ___ ___ .
B1   A1   D4   L2   G3   H1   I2   C1   D1   M3   G6   J6   C6   E5   E9   K1   E7   C2   F6   H4

B. Ja wann denn nun?

Repetitio

In die Liste der Zeitangaben, die ihr bisher gelernt habt, haben sich Wörter eingeschlichen, die gar keine Zeitangaben sind. Markiere diese „Irrläufer". Wenn du deren jeweils zweiten Buchstaben notierst, erfährst du, wie du deine Sache gemacht hast. Danach schreibst du die anderen Vokabeln ins Gitter und übersetzt sie.

> paulo post – subito – tum – repente – hodie – numquam – ibi – diu – semper –
> tandem – sed – nunc – non iam – denique – in – iam – statim – certe

lateinisches Wort	deutsche Übersetzung	lateinisches Wort	deutsche Übersetzung

Kreuznumerusrätsel

Repetitio

Setze die Singularformen in den Plural und umgekehrt.

Waagrecht

4. equis
5. pugnatis
9. respondet
11. porto
12. senibus
15. puellae
18. iniuriam
19. tacete
20. periculum
23. places
25. debemus
29. victoria (Abl.)
31. colitis
32. ama
33. vivis
35. complent
37. doletis
39. nuntios
42. barbarum

Senkrecht

1. nuntiat
2. defendit
3. ludo
5. petite
6. aedificio
7. consule
8. deponunt
10. fures (Akk.)
13. paras
14. patriis
16. ornamus
17. laudant
21. emo
22. accede
24. dona
26. iubeo
27. cogitate
28. mittimus
30. ride
34. signis
36. puer
37. dei
38. dominas
40. mater
41. mensa (Nom.)

Gardinenrätsel

prima.nova, Kap. 7

Setze die folgenden Formen in den Genitiv und schreibe sie bei den entsprechenden Nummern von oben nach unten ins Gitter. Die Buchstaben in den nummerierten Feldern ergeben einen Lösungssatz, den du unten eintragen und mündlich übersetzen kannst.

Nr.	Wort	Nr.	Wort	Nr.	Wort
1	arma	2	forum	3	fur
4	nuntius	5	patria	6	uxores
7	filius	8	vinum	9	signum
10	dei	11	puella	12	liberi
13	vestes	14	filia	15	senex
16	ludus	17	puer	18	matres
19	dona	20	aedes	21	toga
22	equus	23	cenae		

Memoria

prima.nova, Kap. 7

Sicher kennst du das bekannte „Memory"-Spiel. „Memoria" funktioniert genauso: Du schneidest die Kärtchen aus. Dann mischst du sie und legst sie mit der Beschriftung nach unten auf dem Tisch aus. Versuche dann, durch Aufdecken von je zwei Karten Paare zu finden, die das lateinische Wort und seine deutsche Übersetzung zeigen. Das Suchen wird dir dadurch erleichtert, dass jeweils eine quadratische und eine runde Karte ein Paar bilden. Aber aufgepasst: Oft unterscheiden sich die lateinischen Wörter nur geringfügig voneinander. Tipp: Viel mehr Spaß macht es natürlich, wenn du dir Mitspieler(innen) suchst. Wer die meisten Paare finden konnte, hat gewonnen.

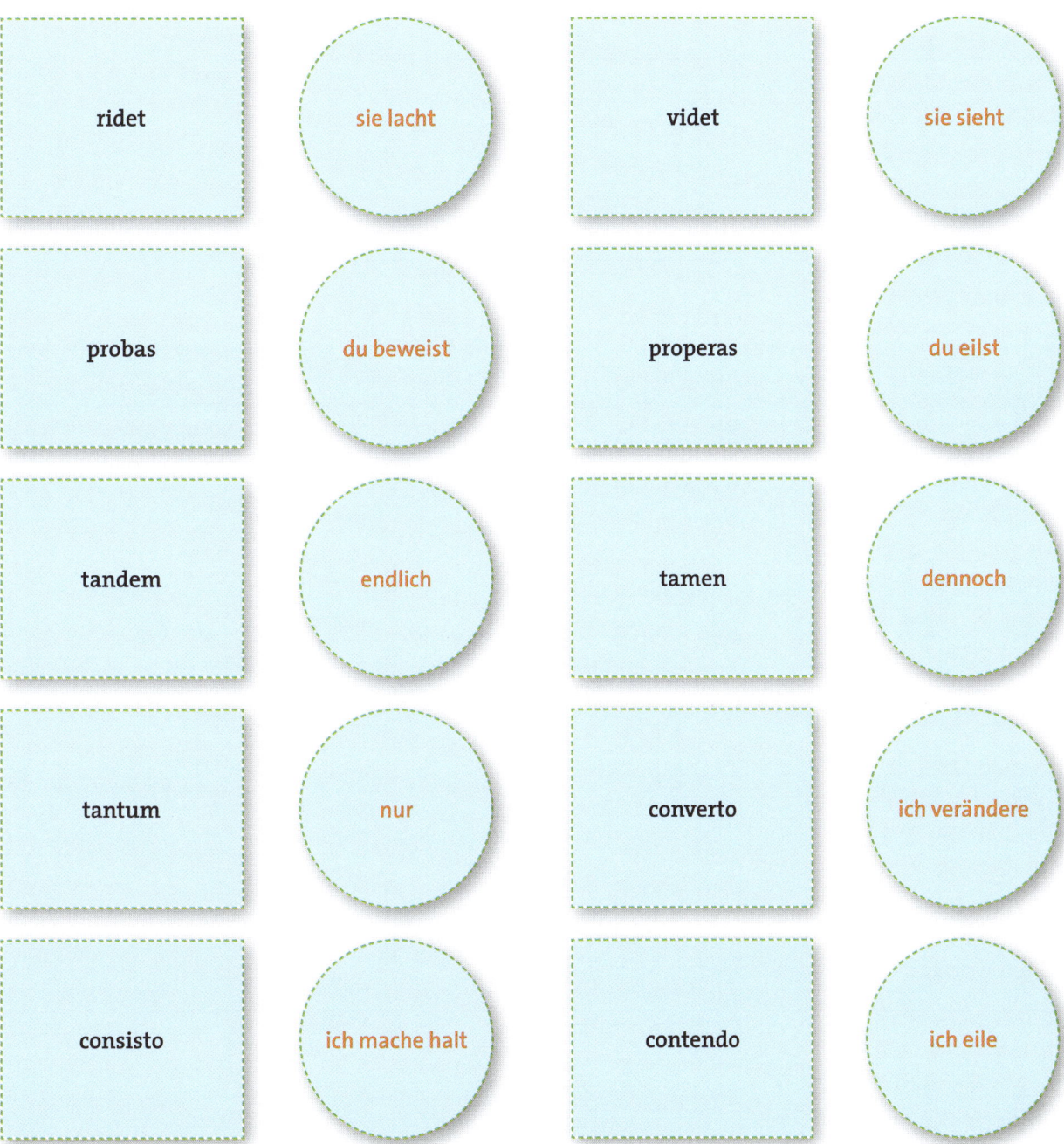

ridet	sie lacht	videt	sie sieht
probas	du beweist	properas	du eilst
tandem	endlich	tamen	dennoch
tantum	nur	converto	ich verändere
consisto	ich mache halt	contendo	ich eile

mittis	du lässt los	admittis	du lässt zu
volo	ich will	nolo	ich will nicht
sumis	du nimmst	surgis	du stehst auf
pater	Vater	patere	offenstehen
circus	Rennbahn	circiter	ungefähr
oculo	durch das Auge	populo	durch das Volk
consilio	durch den Plan	convivio	durch das Gastmahl

Pingpong-Interview

prima.nova, Kap. 8

Suche dir einen Partner, mit dem du zunächst die beiden Karten ausschneidest. Dann nimmt jeder eine dieser Karten, und ihr setzt euch einander gegenüber. Der Erste von euch stellt nun eine der Aufgaben von seiner Karte. Je nachdem, ob sie richtig oder falsch gelöst wurde, macht er ein Kreuzchen in die entsprechende Spalte. Danach stellt der andere Partner eine Frage von seiner Karte und macht nach der Antwort das Kreuzchen an der richtigen Stelle. Wenn alle Fragen beantwortet wurden, könnt ihr leicht vergleichen, wer die meisten richtigen Antworten gegeben und somit das Spiel gewonnen hat. Ganz zum Schluss nimmt jeder die Karte an sich, die zeigt, was er (nicht) gewusst hat, damit er zu Hause noch einmal nacharbeiten kann.

Tipp: Mit Hilfe dieser Karten kannst du dein Wissen auch von deinen Eltern abfragen lassen oder – wenn du die Lösungen abdeckst – ganz allein arbeiten.

Aufgabe	Lösung	richtig	falsch
Übersetze pax, pacis ins Deutsche.	Friede		
Übersetze Freude ins Lateinische.	gaudium		
Bilde die 1. Pers. Pl. von audire.	audimus		
Bilde den Abl. Sg. von agmen.	agmine		
Bestimme die Form signa.	Nom. + Akk. Pl.		
Setze die Form agminum in den Singular.	agminis		
Setze die Form venis in den Plural.	venitis		
Gib den Stamm des Wortes vox an.	voc-		
Übersetze bene agere ins Deutsche.	gut handeln		
Bilde den Imp. Pl. von pervenire.	pervenite		
Übersetze sie führen ins Lateinische.	ducunt		
Bilde den Akk. Sg. des Namens Iuppiter.	Iovem		
Wie lautet der gegenteilige Begriff zu libertus?	patronus		
Wie heißen die Gottheiten, die bei den Römern Haus und Familie beschützten?	Laren		
Auf welches lateinische Wort geht das deutsche Fremdwort Salut zurück?	salus, salutis: Glück, Gesundheit, Rettung		

Aufgabe	Lösung	richtig	falsch
Übersetze soror, sororis ins Deutsche.	Schwester		
Übersetze Verwandter ins Lateinische.	propinquus		
Bilde die 3. Pers. Sg. von pervenire.	pervenit		
Bilde den Akk. Pl. von agmen.	agmina		
Bestimme die Form populi.	Gen. Sg. + Nom. Pl.		
Setze die Form agmine in den Plural.	agminibus		
Setze die Form veniunt in den Singular.	venit		
Gib den Stamm des Wortes mater an.	matr-		
Übersetze auxilium petere ins Deutsche.	um Hilfe bitten		
Bilde den Imp. Sg. von venire.	veni		
Übersetze ich führe ins Lateinische.	duco		
Bilde den Gen. Pl. des Begriffs Lares.	Larum		
Wie lautet der gegenteilige Begriff zu mater?	pater		
Nenne einen der sieben Hügel Roms.	Esquilin/Kapitol		
Auf welches lateinische Wort geht das deutsche Fremdwort Akte zurück?	agere: (ver)handeln, treiben		

Trimino

prima.nova, Kap. 8

Dieses Legespiel kannst du wieder allein oder mit einem Partner/einer Partnerin spielen. Zunächst werden die Dreiecke ausgeschnitten und dann die zusammengehörigen deutschen und lateinischen Wortbedeutungen aneinandergelegt. Wenn alles richtig gemacht wurde, ergibt sich eine geometrische Figur.

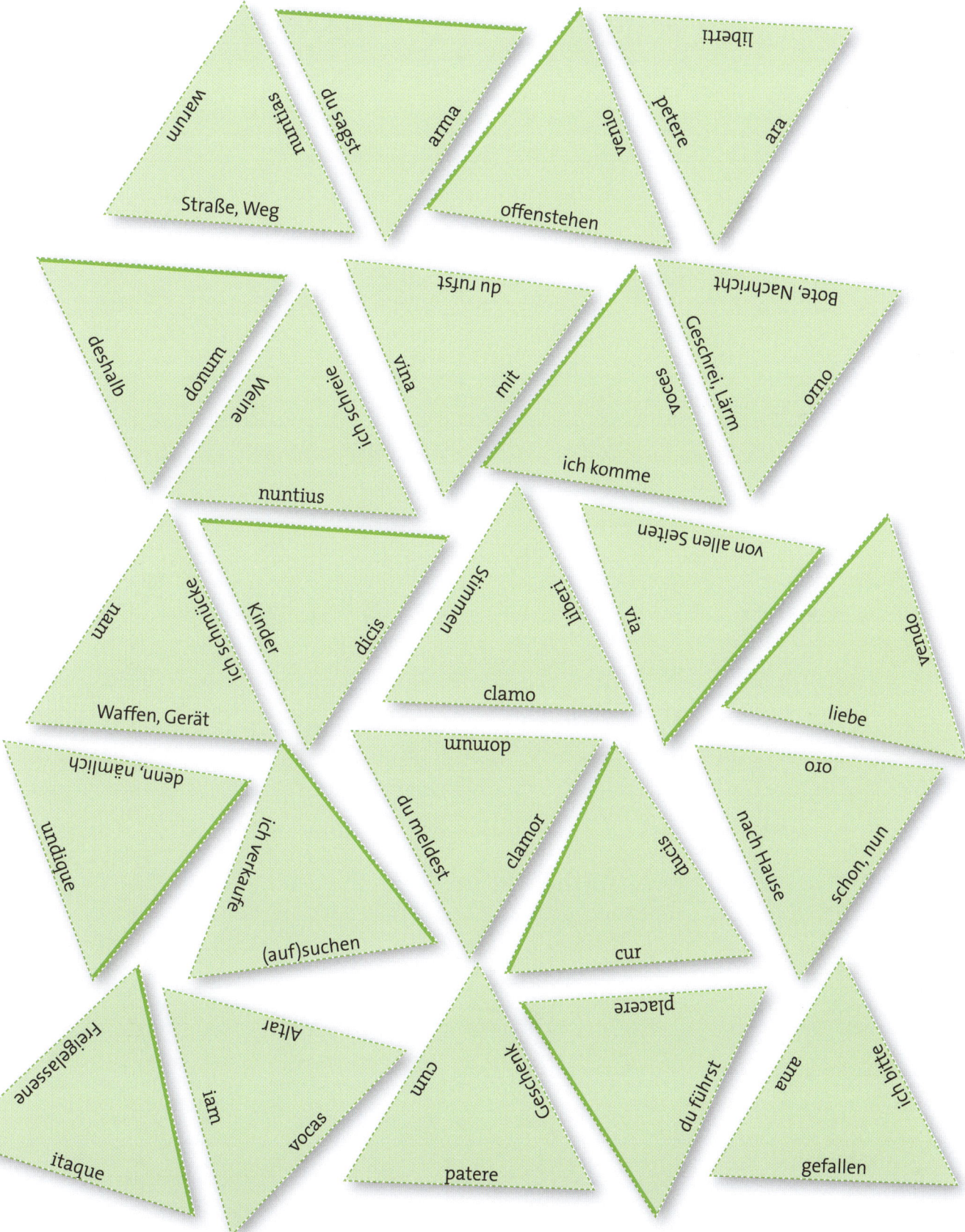

Du hast die Wahl!

prima.nova, Kap. 9

Bestimme die angegebenen Formen. Dazu werden dir jeweils verschiedene Vorschläge gemacht. Aber nicht immer sind alle richtig. Suche die richtigen Lösungen und schreibe die Buchstaben, die links daneben stehen, der Reihe nach unten in die Kästchen. So entsteht ein Satz, der sich auf den Lektionstext von Kapitel 9 deines Lateinbuches bezieht.

Tipp: Diese Aufgabe kann auch in Partnerarbeit gelöst werden.

1. gratia	P	Nom. Sg.	
	A	Gen. Pl.	
	U	Abl. Sg.	

8. agmen	V	Akk. Sg.	
	A	Akk. Pl.	
	C	Abl. Sg.	

2. dei	I	Dat. Pl.	
	B	Nom. Pl.	
	L	Gen. Sg.	

9. orationi	Y	Akk. Sg.	
	I	Dat. Sg.	
	S	Abl. Sg.	

3. dominae	I	Gen. Sg.	
	O	Dat. Sg.	
	N	Nom. Pl.	

10. puellis	R	Abl. Pl.	
	C	Akk. Pl.	
	I	Dat. Pl.	

4. negotio	E	Nom. Sg.	
	U	Dat. Sg.	
	N	Abl. Sg.	

11. dominos	L	Akk. Pl.	
	C	Abl. Pl.	
	E	Nom. Pl.	

5. moribus	L	Dat. Sg.	
	C	Dat. Pl.	
	T	Abl. Pl.	

12. verba	V	Nom. Sg.	
	I	Akk. Pl.	
	S	Nom. Pl.	

6. aquam	O	Akk. Sg.	
	L	Abl. Sg.	
	T	Akk. Pl.	

13. bestiae	E	Gen. Sg.	
	I	Dat. Pl.	
	S	Dat. Sg.	

7. hospitibus	G	Dat. Pl.	
	A	Abl. Pl.	
	E	Vok. Pl.	

14. serve	U	Nom. Pl.	
	C	Gen. Sg.	
	T	Vok. Sg.	

A. Wem gehört hier was?

prima.nova, Kap. 9

Vervollständige die Sätze mit Dativformen und übersetze sie danach. Die Buchstaben in der markierten Spalte geben an, was ein römischer Lehrer nach der erfolgreichen Bearbeitung der Übung zu dir gesagt hätte.

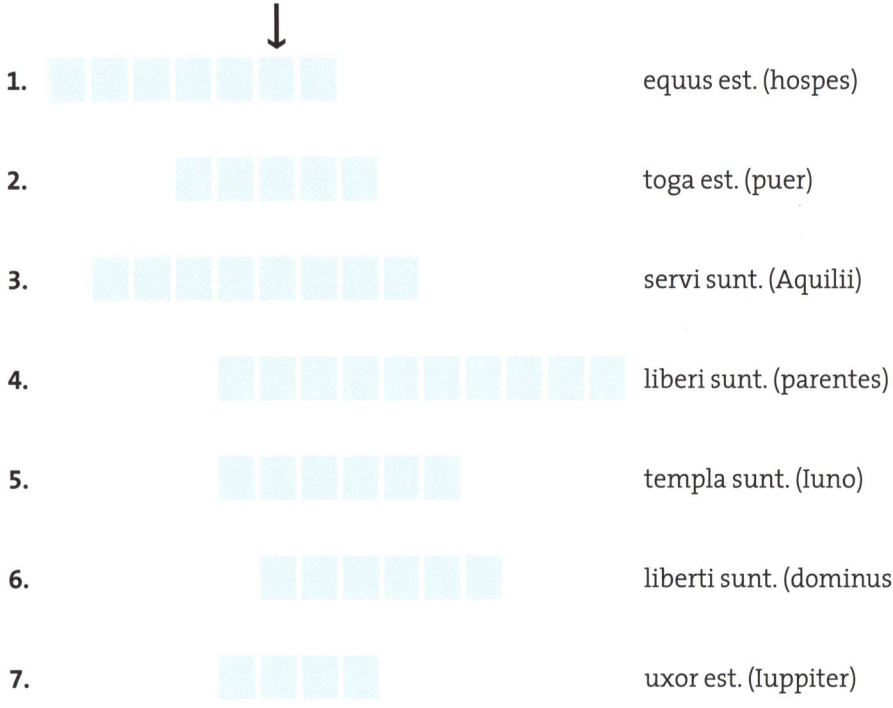

1. equus est. (hospes)

2. toga est. (puer)

3. servi sunt. (Aquilii)

4. liberi sunt. (parentes)

5. templa sunt. (Iuno)

6. liberti sunt. (dominus)

7. uxor est. (Iuppiter)

B. Anschluss gesucht

prima.nova, Kap. 9

Suche für die lateinischen Wörter (orange) die richtige Übersetzung (grün). Verbinde danach jeweils die beiden durch die angegebenen Zahlen bezeichneten Punkte. So entsteht ein Lösungswort.

circus 3   cibus 29   circum 7   circiter 13   mos 1   mons 8   porto 22   porta 5   parere 6
patere 13   victor 4   victoria 31   puer 19   per 21   quis 27   quid 2   ecce 5   esse 7
bibis 23   vivis 15   denique 25   undique 19   atque 17   quoque 3   primo 1   paulo 24

offenstehen, sich erstrecken 14   Sieg 32   und 29   schau(t) 6   (um) ein wenig 32   ungefähr 25
Tor 17   was 9   sein, sich befinden 8   Zirkus, Rennbahn 15   schließlich, zuletzt 26
um ... herum, rings um 19   du trinkst 30   Junge, Bub 20   zuerst 13   ich trage, bringe 28   du lebst 27
auch 4   von allen Seiten 31   Sitte, Brauch 2   Sieger 10   Nahrung, Speise 30   Berg 12
gehorchen, sich richten nach 11   (hin)durch 26   wer 28

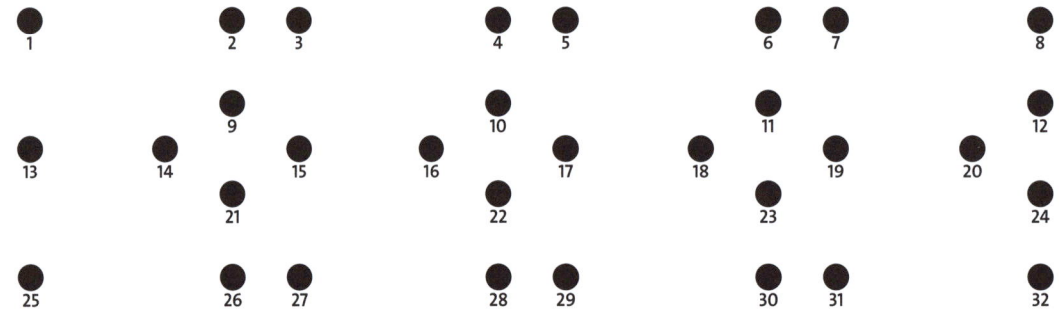

Computerpanne

Repetitio

Durch einen Computerfehler wurden alle Leerräume zwischen einer Reihe von Wörtern gelöscht. Markiere diese Leerräume durch senkrechte Striche. Schreibe dann alle Wörter, die du gefunden hast, in die Tabelle unten und übersetze sie in der Spalte daneben.

VIGINTIBENEPAULODENIQUESEMPERTAMENLICETPALAMTANDEMTUMPRIMOCERTENONNESTATIMPOSTEACURTANTUMNUM

QUAMUNDIQUEREPENTEITAQUEAUTEM

deutsche Übersetzung	lateinisches Wort								

deutsche Übersetzung	lateinisches Wort								

Formenschnecke

Repetitio

Bilde alle Formen und schreibe sie in die entsprechenden Felder.

1 du erzählst	**13** du verkaufst
2 sie kommen zusammen	**14** ihr nehmt
3 wir trinken	**15** ich hebe auf
4 ihr gehorcht	**16** sie stehen auf
5 er nimmt teil	**17** es erfreut
6 ich komme	**18** wir schweigen
7 sie hören	**19** du berührst
8 ihr verleitet	**20** er umringt
9 sie treibt	**21** ich befehle
10 du gibst	**22** wir verteidigen
11 wir haben	**23** ihr wollt
12 ich muss	

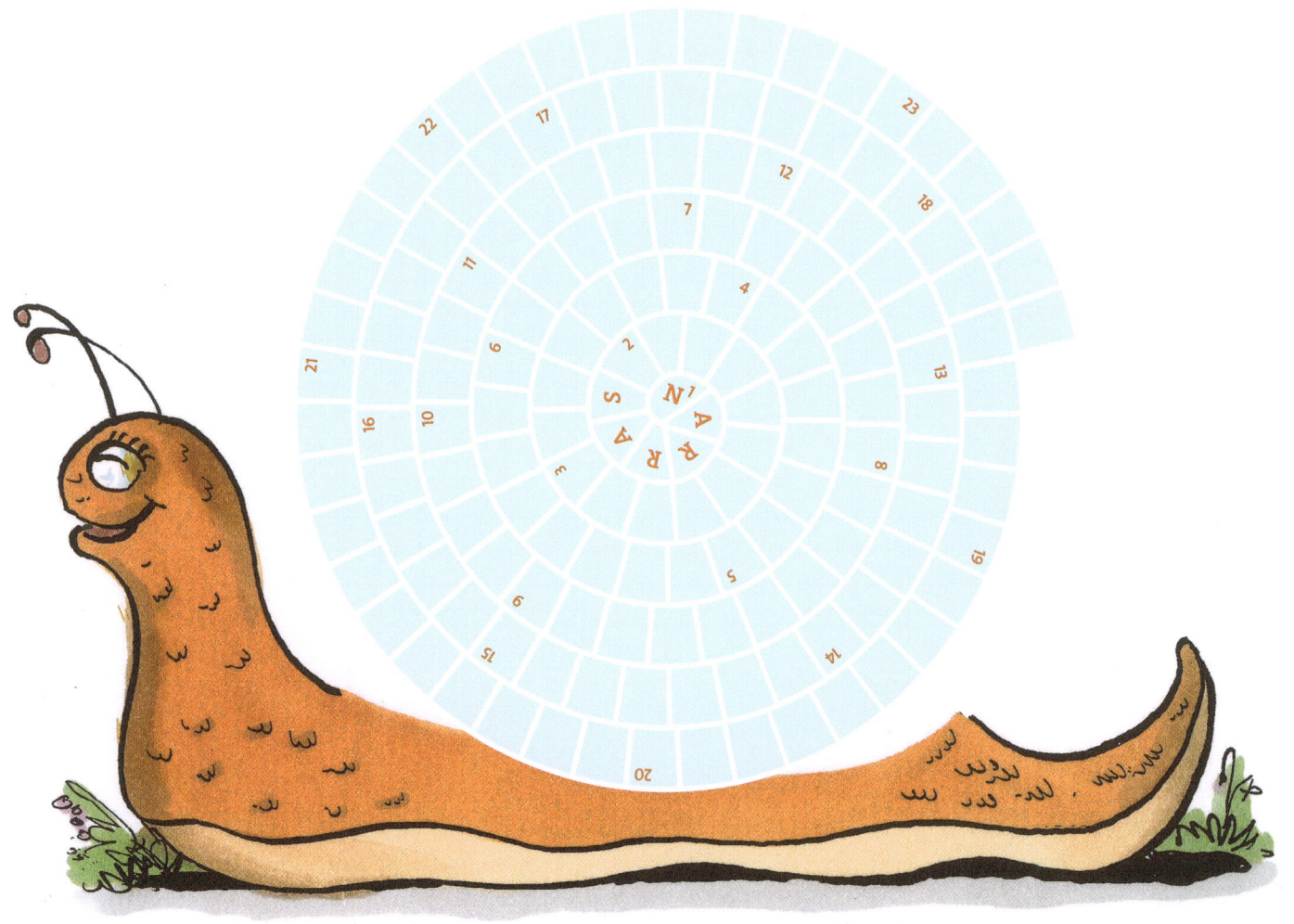

Kreuzkulturrätsel

prima.nova, Kap. 10

Füge die umschriebenen Begriffe ins Gitter ein. Ist der lateinische Begriff verlangt, so findest du einen extra Hinweis.

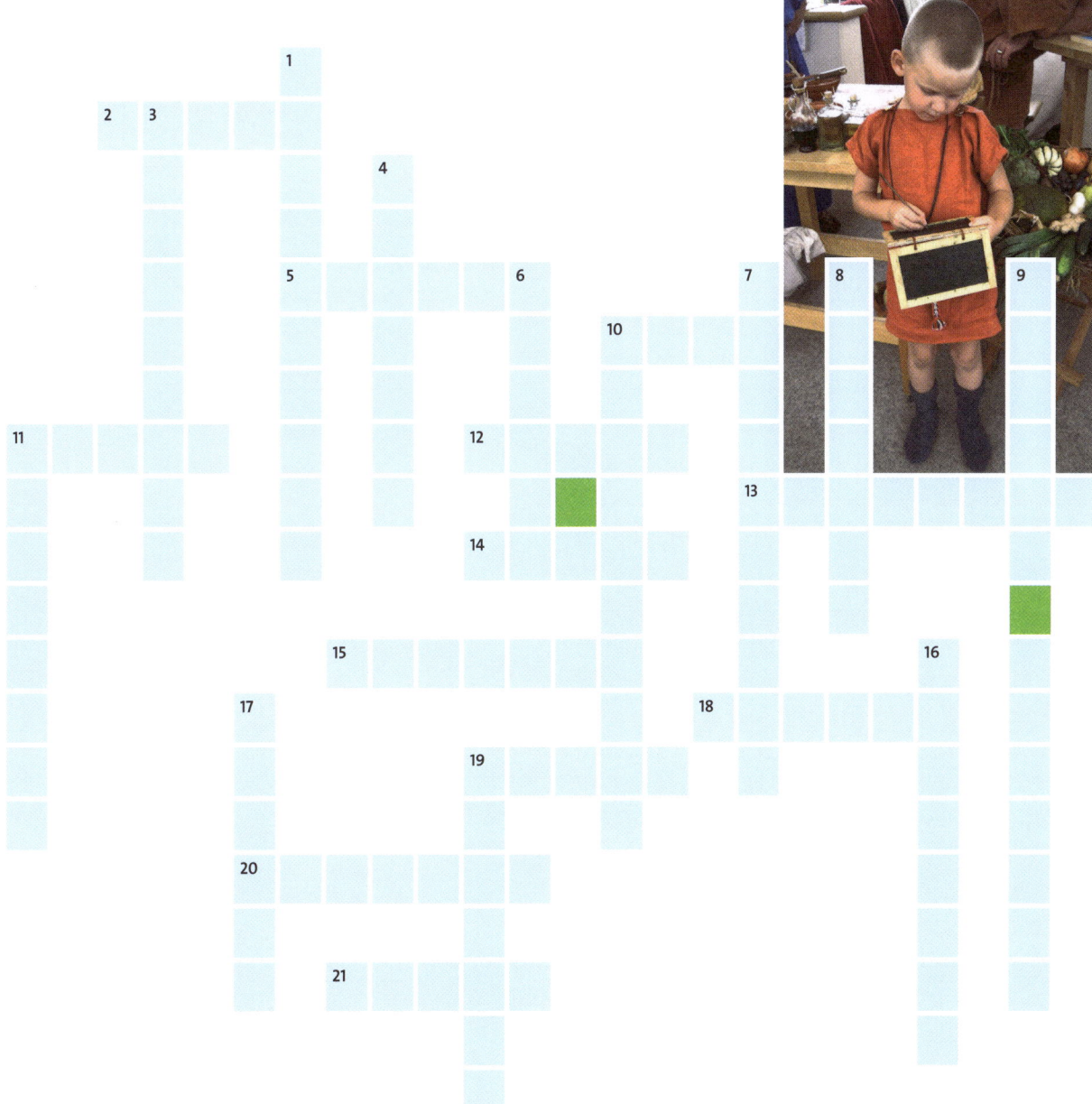

Waagrecht: 2. Mauer, die die Arena im Circus Maximus in zwei Bahnen teilte (lat.) **5.** Griffel (lat.) **10.** Kleidungsstück eines römischen Bürgers **11.** Hausgötter (lat.) **12.** Versammlungsort der Senatoren in Rom **13.** Hausaltar (lat.) **14.** Kleidungsstück, das Römerinnen über anderen Kleidern trugen **15.** Buchrolle (lat.) **18.** „Unterkleid" der Römer **19.** Zentrum des antiken Rom **20.** öffentliche Bäder **21.** römische Büchertasche (lat.)

Senkrecht: 1. „Schreibheft" der römischen Schulkinder **3.** Beschreibstoff aus Tierhaut **4.** Kochbuchautor des 3./4. Jh. n. Chr. **6.** Armenviertel in Rom **7.** „Archiv" auf dem Forum in Rom (lat.) **8.** antiker Beschreibstoff, der unserem Papier ähnelt **9.** größte Rennbahn im antiken Rom **10.** Speisezimmer (lat.) **11.** freigelassener Sklave (lat.) **16.** öffentliches Gebäude, das als Gerichts- und Markthalle diente (lat.) **17.** Rednertribüne auf dem Forum (lat.) **19.** Nahrungsmittel, das einfache Römer sich nur selten leisten konnten

Wie geht's weiter?
prima.nova, Kap. 10

Vervollständige die Verbformen wieder auf richtige Art. Schneide danach die Puzzleteile aus. Die Zahlen neben den richtigen Buchstaben im Gitter verraten dir, welches Puzzleteil du an die entsprechende Stelle des Gitters legen musst. (Beispiel: Im ersten Feld links oben ist „narrant" richtig. Deshalb kommt Puzzleteil Nr. 30 nach links oben.)

dic...
...ant (11)
...ent (26)
...iunt (27)
...unt (22)

tac...
...ant (3)
...ent (36)
...iunt (23)
...unt (19)

plac...
...ant (15)
...ent (23)
...iunt (36)
...unt (20)

toll...
...ant (21)
...ent (13)
...iunt (16)
...unt (3)

duc...
...ant (7)
...ent (12)
...iunt (22)
...unt (19)

rid...
...ant (25)
...ent (12)
...iunt (30)
...unt (1)

iub...
...ant (2)
...ent (7)
...iunt (23)
...unt (10)

pugn...
...o (16)
...eo (24)
...io (1)

hab...
...ant (22)
...ent (6)
...iunt (14)
...unt (18)

aud...
...at (29)
...et (32)
...it (11)

compl...
...ant (32)
...ent (26)
...iunt (23)
...unt (35)

circumven...
...ant (29)
...ent (19)
...iunt (1)
...unt (27)

aspic...
...ant (2)
...ent (10)
...iunt (32)
...unt (18)

corrip...
...ant (33)
...ent (21)
...iunt (35)
...unt (32)

clam...
...ant (2)
...ent (28)
...iunt (25)
...unt (12)

deb...
...ant (6)
...ent (34)
...iunt (24)
...unt (31)

rog...
...at (29)
...et (34)
...it (35)

dol...
...o (26)
...eo (9)
...io (18)

st...
...atis (15)
...etis (3)
...itis (10)

sc...
...ant (20)
...ent (27)
...iunt (10)
...unt (33)

relinqu...
...ant (33)
...ent (13)
...iunt (35)
...unt (17)

cup...
...ant (30)
...ent (14)
...iunt (24)
...unt (15)

perven...
...ant (17)
...ent (15)
...iunt (18)
...unt (14)

cap...
...ant (36)
...ent (6)
...iunt (25)
...unt (3)

leg...
...ant (26)
...ent (5)
...iunt (18)
...unt (27)

ven...
...o (1)
...eo (9)
...io (33)

vid...
...as (12)
...es (5)
...is (31)

praeb...
...ant (29)
...ent (28)
...iunt (8)
...unt (24)

voc...
...ant (31)
...ent (9)
...iunt (5)
...unt (4)

ag...
...at (17)
...et (31)
...it (21)

narr...
...ant (30)
...ent (4)
...iunt (11)
...unt (7)

serv...
...ant (4)
...ent (22)
...iunt (19)
...unt (6)

mitt...
...ant (4)
...ent (8)
...iunt (25)
...unt (14)

ostend...
...ant (5)
...ent (34)
...iunt (17)
...unt (20)

gaud...
...amus (20)
...emus (8)
...imus (7)

fac...
...ant (28)
...ent (21)
...iunt (13)
...unt (9)

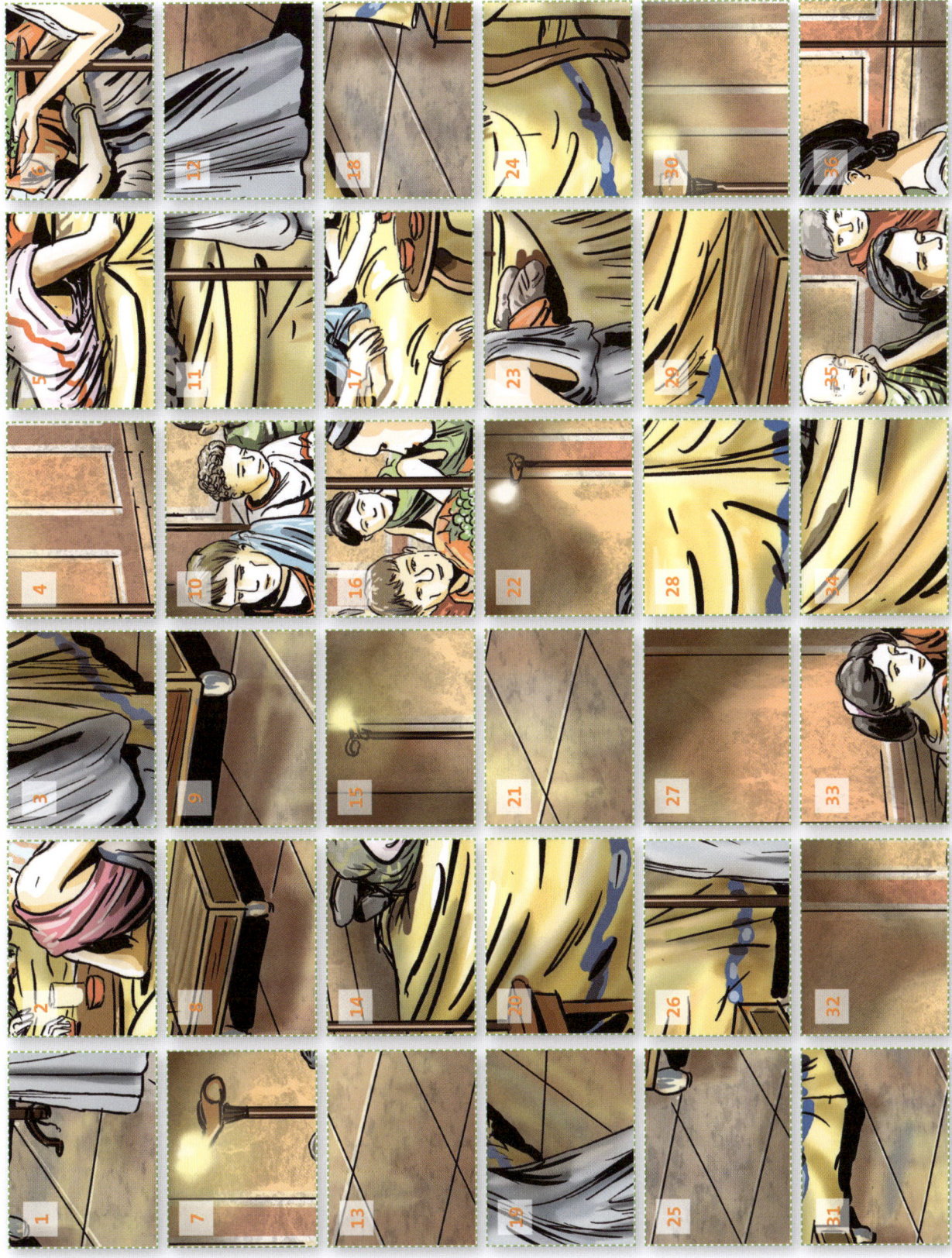

Was sagt Faustulus zu Acca?

prima.nova, Kap. 11

Übersetze die deutschen Ausdrücke mit Perfektformen ins Lateinische. Zähle danach denjenigen Buchstaben des lateinischen Wortes ab, der durch die jeweilige Zahl bezeichnet wird, und schreibe ihn ins Kästchen. Es ergibt sich ein Satz, der die Frage der Überschrift beantwortet. Die Wortgrenzen musst du allerdings selbst finden.

1. sie konnten 6
2. du eiltest 3
3. wir lobten 8
4. ich hielt ab 7
5. du empfandest Schmerz 3
6. wir wollten nicht 7
7. ihr suchtet auf 10
8. wir ergriffen 4
9. du fülltest an 6
10. er liebte 2
11. sie legten ab 6
12. er verglich 3
13. ihr weintet 1
14. du fragtest 1
15. ihr hattet 2
16. ich erfreute 6
17. sie betraten 4

18. sie gab 4
19. er schrie 4
20. er verlangte 3
21. sie waren 3
22. sie gefielen 7
23. ihr musstet 5
24. du gehorchtest 3
25. sie meldeten 6
26. er baute 1
27. du hieltest fest 3
28. ihr betrachtetet 3
29. ich pflegte 1
30. er schwieg 2
31. ihr zögertet 7
32. du dachtest 8
33. ihr ernährtet 6

Silbenrätsel
prima.nova, Kap. 11

Übersetze die lateinischen Formen ins Deutsche. Die Silben, die du im Kasten findest, können dir dabei helfen.

BE – BER – BRU – BUCH – DE – DER – DER – DER – DES – DICH – DICHT – EHE –
FÄHR – FÄL – FEHLS – FEIND – FREM – FREU – GE – GE – GE – GE – GE – GE –
GE – HA – HAND – HAUPT – HEE – HEIT – ICH – IHR – KE – KEIT – KÖN – KONN –
KONN – LA – LAN – LIG – LIN – MANN – ME – MEN – NE – NEN – NIE – RES –
SCHENK – STADT – STIM – SUND – TE – TE – TER – TER – TET – TOD – TRÄ – UFER –
VER – WAND – WIR – ZUG

nex	
liber	
lacrima	
ripa	
poeta	
maritus	
potui	
sinistra	
urbs	
carmen	
comes	
propinquus	
multitudo	
hospes	
hostis	
salus	
frater	
gratia	
possumus	
gaudium	
munus	
vox	
calamitas	
agmen	
imperator	
potuistis	

Memoria

prima.nova, Kap. 12

Das Memoria-Spiel kennst du ja schon. Auch diesmal ist wieder eine kleine Erleichterung für dich eingebaut: Jeweils eine quadratische und eine runde Karte bilden ein Paar. Schneide die Kärtchen aus, mische sie und lege sie mit der Beschriftung nach unten auf den Tisch. Versuche dann, durch Aufdecken von je zwei Karten unterschiedlicher Form Paare zu finden, die einen Infinitiv Präsens und einen Infinitiv Perfekt aufweisen.

Tipp: Viel mehr Spaß macht es natürlich, wenn du dir Mitspieler(innen) suchst. Wer die meisten Paare finden konnte, hat gewonnen.

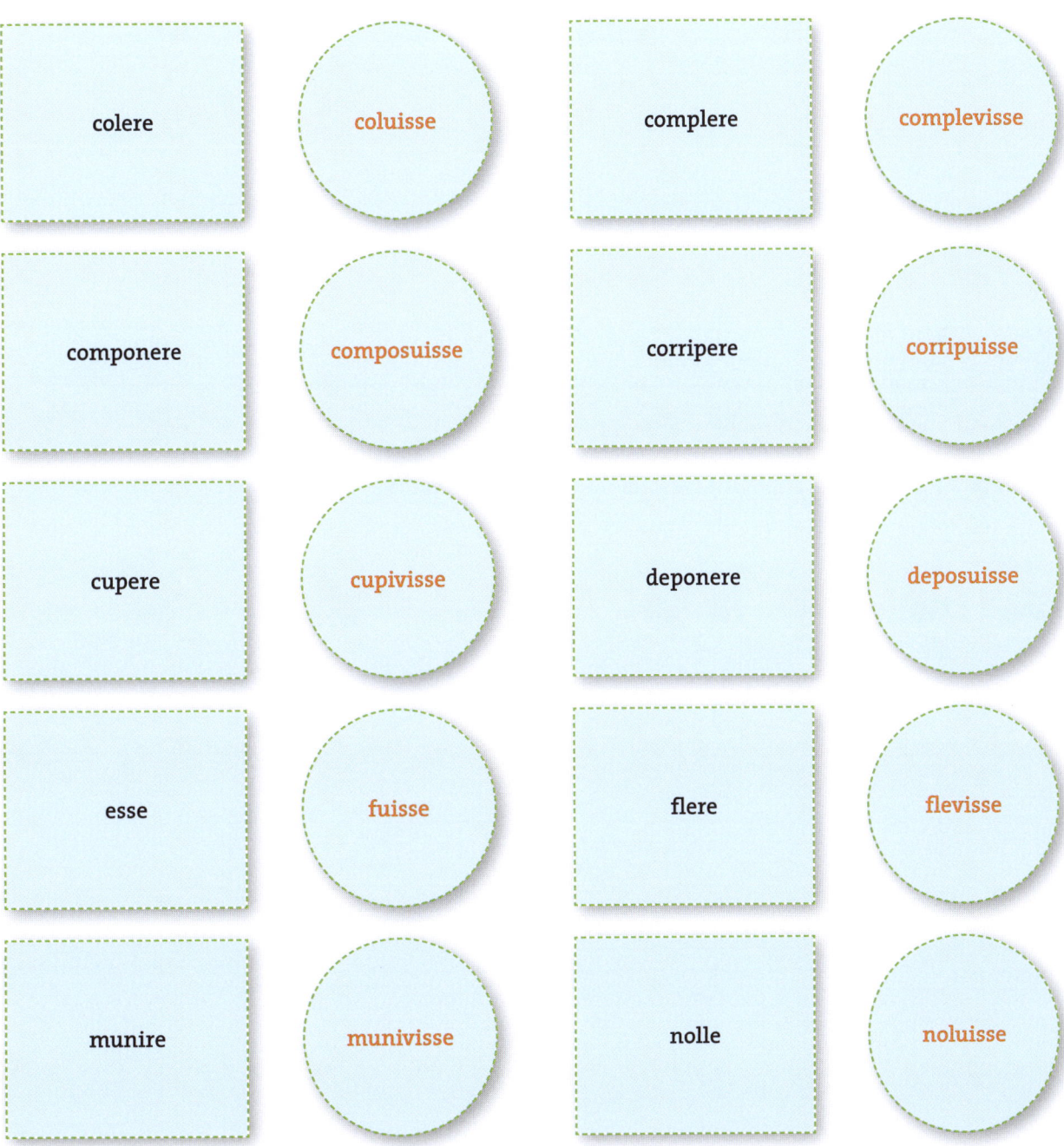

colere	coluisse	complere	complevisse
componere	composuisse	corripere	corripuisse
cupere	cupivisse	deponere	deposuisse
esse	fuisse	flere	flevisse
munire	munivisse	nolle	noluisse

petere	petivisse	posse	potuisse
tenere	tenuisse	alere	aluisse
velle	voluisse	carere	caruisse
audire	audivisse	scire	scivisse
amare	amavisse	tenere	tenuisse
habere	habuisse	laborare	laboravisse
orare	oravisse	necare	necavisse

Horatius Cocles, Cloelia und der AcI
prima.nova, Kap. 12

Setze die eingeklammerten Wörter in die richtigen Formen. Alle Infinitive sollen im Perfekt stehen.

Wenn die nummerierten Buchstaben an der richtigen Stelle unten eingesetzt werden, ergibt sich ein Lösungssatz.

1. Constat (Horatius) cum comitibus in ponte Sublicio (esse) .

2. Scimus (multitudo) hostes videre non (posse) .

3. (Hostes) ripam (petere) constat.

4. Puto (Romani) patriam defendere (cupere) .

5. Mihi placet (Horatius) gladium (corripere) .

6. (Adulescentes) Horatium (necare) puto.

7. Constat (deus) Horatio (adesse) .

Lösungssatz:

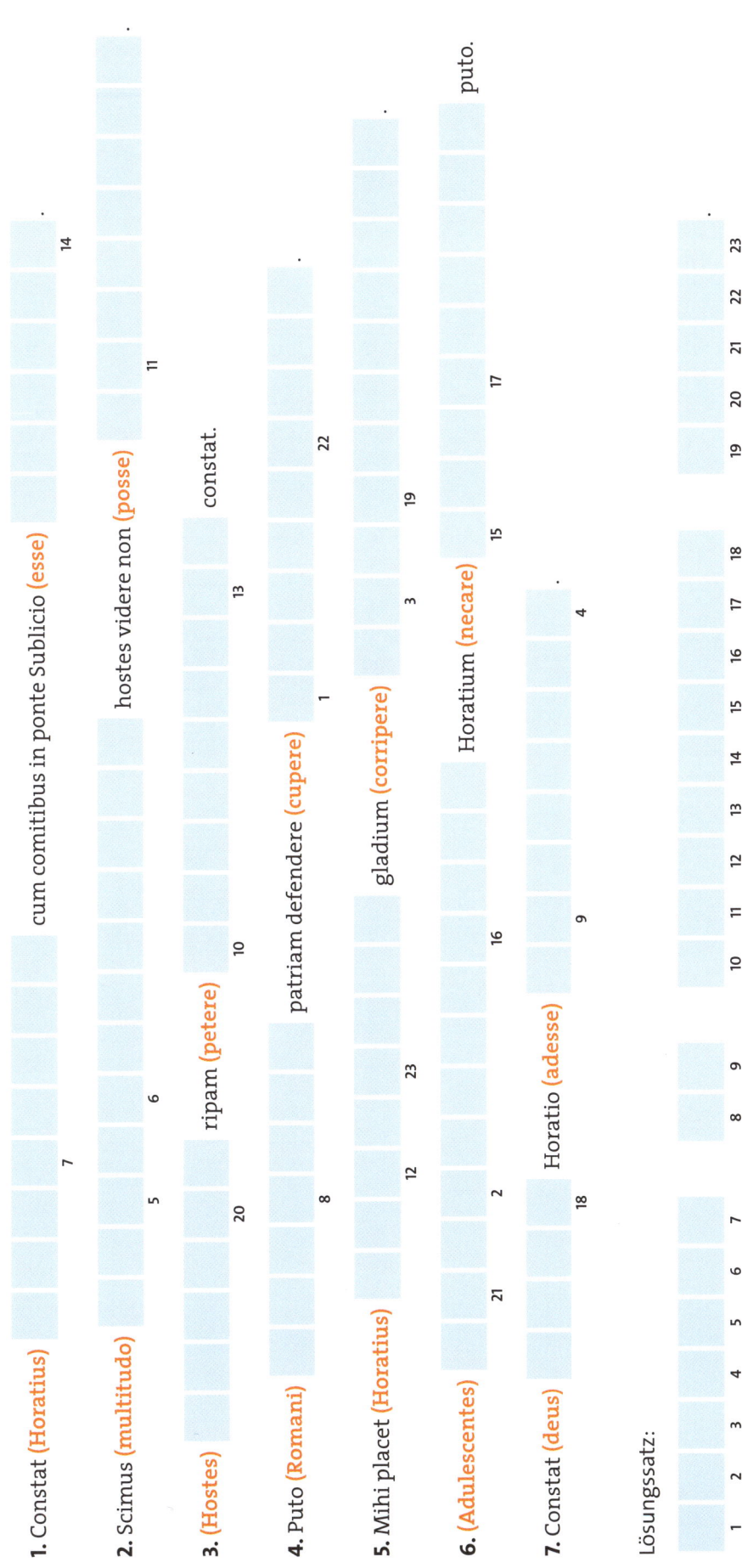

Kleine Veränderung – große Wirkung
Repetitio

Kennst du die deutsche Bedeutung dieser Begriffe, die sich nur geringfügig voneinander unterscheiden?

S E D ....

S E ....

T E ....

D E ....

D O ....

D E O ....

P O N S ....

M O N S ....

P A T E R ....

M A T E R ....

F R A T E R ....

H O S T E S ....

H O S P E S ....

P A R A T ....

P A R E T ....

P A T E T ....

Q U I S ....

Q U I D ....

Q U O D ....

F U I ....

F U R ....

C U R ....

C U M ....

T U M ....

T U ....

I N ....

A N ....

A B ....

A D ....

V E N D O ....

V E N I O ....

V I D E O ....

R I D E O ....

I A M ....

N A M ....

O R O ....

O R N O ....

V I R ....

V I A ....

A R A ....

A M A ....

A R M A ....

U T ....

E T ....

E O ....

E G O ....

I B I ....

U B I ....

U R B I ....

Anschluss gesucht
Repetitio

Suche für die lateinischen Perfektformen in der linken Spalte die richtige deutsche Übersetzung in der rechten. Verbinde danach die beiden durch die angegebenen Zahlen bezeichneten Punkte miteinander. Aber aufgepasst: Es gibt mehr Übersetzungen als nötig!

coluerunt	6	21	sie suchten auf, erstrebten
fuerunt	34	16	sie besaßen, hielten (fest)
cupiverunt	36	28	sie vertrauten
noluerunt	13	7	sie pflegten, verehrten
compleverunt	30	25	sie sahen vorher
aluerunt	15	11	sie (ver)schwiegen
tenuerunt	3	2	sie verglichen, fassten ab
petiverunt	8	9	sie meldeten
caruerunt	20	29	sie bauten, befestigten
praebuerunt	4	34	sie glaubten, meinten
nuntiaverunt	8	39	sie legten ab/nieder
prohibuerunt	19	22	sie bauten, befestigten
audiverunt	2	36	sie dachten, beabsichtigten
voluerunt	6	37	sie verlangten, wünschten
fleverunt	12	14	sie wollten nicht
putaverunt	21	16	sie hatten, hielten
deposuerunt	13	32	sie töteten
habuerunt	15	5	sie begannen, unterrichteten
cogitaverunt	23	20	sie hielten ab, hinderten
necaverunt	19	23	sie ergriffen, rissen an sich
tacuerunt	10	13	sie (be)weinten
composuerunt	1	18	sie bewahrten, retteten
laudaverunt	1	30	sie zögerten, zweifelten
potuerunt	23	19	sie wollten
portaverunt	7	27	sie ernährten, zogen groß
corripuerunt	10	31	sie füllten an
dubitaverunt	17	35	sie waren
		20	sie trugen, brachten
		40	sie bewahrten, retteten
		33	sie waren frei, hatten nicht
		3	sie hörten
		17	sie gaben, hielten hin
		15	sie lobten
		38	sie glaubten, meinten
		24	sie konnten
		26	sie kannten, wussten

● ● ● ●   ● ●   ● ●   ● ●   ● ● ● ●
1 2 3 4   5 6   7 8   9 10   11 12 13 14

●   ● ●   ● ●   ● ●   ● ●   ● ●   ●
15   16 17   18 19   20 21   22 23   24 25   26

● ● ● ●   ● ●   ● ●   ● ●   ● ● ● ●
27 28 29 30   31 32   33 34   35 36   37 38 39 40

Hochhausrätsel

prima.nova, Kap. 13

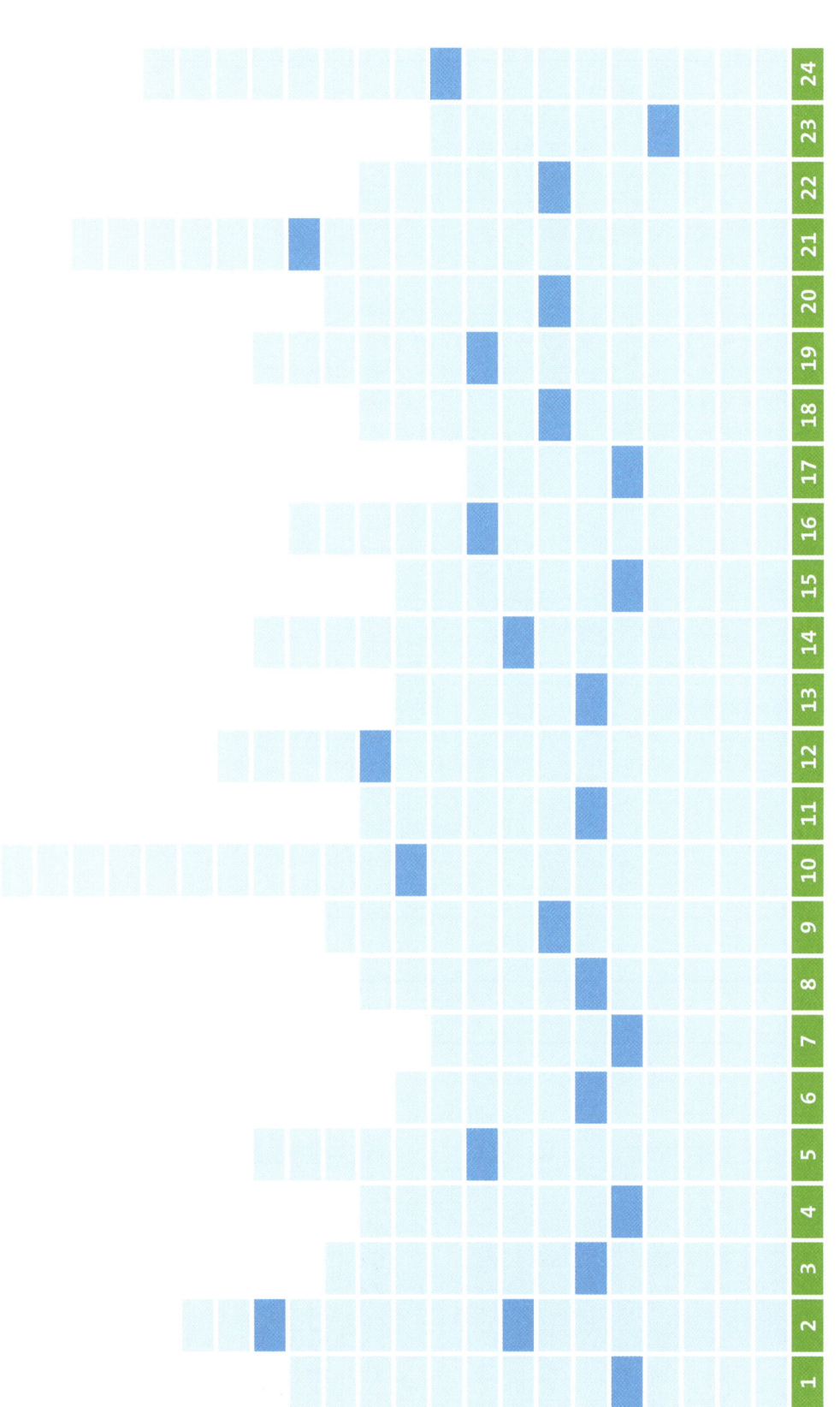

Übersetze die folgenden Ausdrücke. Schreibe sie dann von oben nach unten ins Gitter. Bedenke dabei, was du über die Stellung der Adjektive gelernt hast.

1 sichere Gebäude (Nom. Pl.) **2** in vielen Tempeln **3** den letzten König **4** dem guten Konsul **5** durch viele Beleidigungen **6** des schlimmen Todes **7** mit lauter Stimme **8** den guten Dichter **9** die römischen Tempel **10** der hochmütigen Feldherren **11** den großen Pferden **12** durch die ganze Menge **13** einem sicheren Leben **14** den erbärmlichen Dieben **15** die entfernteste Stadt **16** durch viel Blut **17** durch schlechten Wein **18** des ganzen Volkes **19** die hochmütigen Feinde (Akk. Pl.) **20** dem unglücklichen Begleiter **21** durch viele Unglücke **22** viele Geschenke **23** der große Mann **24** der römischen Jungen

Pingpong-Übersetzung

prima.nova, Kap. 13

Übersetze vom Deutschen ins Lateinische oder umgekehrt – je nachdem, wo die Lücke sich befindet. Schreibe danach die Übersetzung bei der gleichen Nummer in die andere Spalte. Welche Lösungssätze ergeben sich? (Ä = AE usw.; ß = SS)

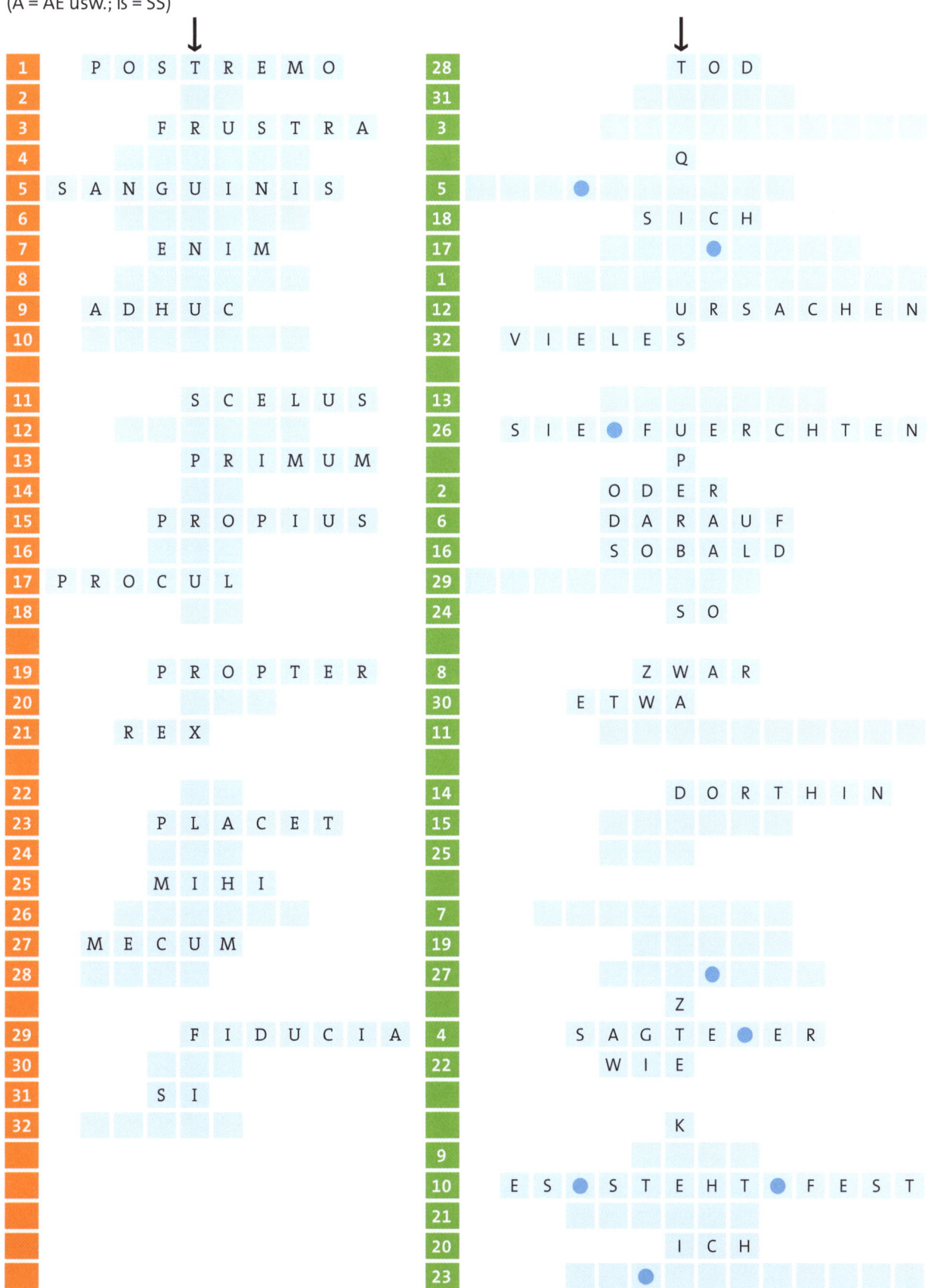

Kreuzperfekträtsel

prima.nova, Kap. 14

Bilde zu den angegebenen Präsensformen die entsprechenden Perfektformen und umgekehrt.

Waagrecht

5. agis
6. pervenis
7. accessi
9. consuluisti
12. vincunt
16. voluisti
18. amisit
19. capiunt
20. risistis
21. timuisse
22. vidit

Senkrecht

1. non vult
2. ducitis
3. fecerunt
4. terrere
8. convenit
9. cognovisse
10. relinquimus
11. diximus
13. censeo
14. possum
15. aperimus
17. mansi
18. aspexistis

Ein Zwiegespräch mit Hannibal

prima.nova, Kap. 14

Hannibal unterhält sich mit einem seiner Soldaten. Ergänze die fehlenden Pronomina, die du alle in der Liste finden kannst. Wie lautet der versteckte Satz?

---

me – meae – mecum – mihi – nobis – nobiscum – nos – nostram – te – tecum –
tibi – tui – vobis – vobiscum – vos

Hannibal:

„☐☐☐☐ (17) magnum agmen militum et multi equi patriam

☐☐☐☐☐ (7) (15) reliquerunt. Nunc copiae ☐☐☐ (12) in

Italiam pervenerunt, sed multa arma, bestias, milites amisi. Iter per Alpes feci,

quia ☐☐☐☐☐☐☐ (2) , milites, Romanos terrere volui. Nunc

Romani ☐ (3) et ☐☐ (8) timent, nam multa oppida cepimus. Nunc Italia

☐☐☐ (9) et ☐☐☐ (16) patet.“

Miles:

„Semper paruimus, quia ☐☐☐☐☐☐ (4) vivis. Itaque ☐☐ (11)

amamus et milites ☐☐ (14) sumus. Vitam ☐☐☐ (1) agere

☐☐☐ (18) delectat; ☐☐☐☐☐ (5) placet ☐☐☐ (19) gratias agere!“

Lösungssatz:

1	2	3	4	5	A	7	8	9	10	11	12	13	14	15	16	17	18	19
					A				A			L						.

Eine Reise nach Karthago

prima.nova, Kap. 15

Bestimme die angegebenen Formen. Dazu werden dir jeweils verschiedene Vorschläge gemacht. Aber nicht immer sind alle richtig. Streiche deshalb diejenigen Zeilen durch, die eine falsche Bestimmung enthalten. Wenn du dann die in den verbleibenden, also richtigen Zeilen angegebenen Zahlen zusammenzählst, hast du errechnet, in welchem Jahr vor Christus Karthago von den Römern zerstört wurde.

1.	quod	Nom. Sg. n	10
		Akk. Sg. n	5
		Akk. Pl. m	6
2.	quem	Akk. Sg. f	8
		Akk. Sg. m	9
		Akk. Pl. f	7
3.	quo	Dat. Sg. m	8
		Dat. Sg. n	9
		Abl. Sg. n	7
4.	qui	Dat. Sg. m	5
		Nom. Sg. m	10
		Nom. Pl. m	6
5.	qua	Nom. Pl. n	8
		Abl. Sg. f	7
		Akk. Pl. n	6
6.	quae	Nom. Sg. f	10
		Nom. Pl. f	8
		Nom. Pl. n	4
7.	quam	Akk. Pl. f	10
		Akk. Sg. f	9
		Akk. Sg. n	11
8.	quibus	Abl. Pl. m	8
		Abl. Pl. f	7
		Dat. Pl. n	11
9.	cui	Dat. Sg. m	8
		Nom. Pl. m	5
		Dat. Sg. f	7
10.	quorum	Gen. Pl. m	9
		Gen. Pl. n	11
		Akk. Sg. m	8

Karthago wurde von den Römern im Jahr ———— v. Chr. zerstört.

Trennungsfehler

prima.nova, Kap. 15

Schon wieder eine Computerpanne! Versehentlich wurden sechs Sätze über Scipio Africanus in zwei oder drei Teile zerschnitten; durchtrennt wurden sie immer beim Komma. Schneide nun die Schnipsel aus und füge sie so zusammen, dass sich sechs sinnvolle Sätze ergeben, die du danach übersetzt.

Ein kleiner Tipp: Achte auf die Relativpronomina, die einen Teil der Satzschnipsel unten einleiten, und suche ihre Bezugswörter in den ersten sechs Satzschnipseln.

1. Iam multa audivimus de Hannibale,

2. Imperatori fuit magna virtus,

3. Tamen Scipio Africanus virum clarum uno proelio vicit,

4. Itaque senatores Romani,

5. Paulo post Scipio cum legionibus,

6. Postea autem Scipio propter crimina falsa,

quod cum hoste Romanorum in Africa pugnavit.

quos victoria Scipionis gaudio complevit,

quem milites Poenorum amaverunt.

Romam relinquere debuit.

quibus senatores imperatorem accusaverunt,

qua cunctos adulescentes superavit.

quas Romani laudaverunt,

triumphum egit.

imperatori triumphum (Triumphzug) decreverunt.

Trimino

Repetitio

Ihr seid ja mittlerweile zu richtigen „Triminologen" geworden. Bildet auch für dieses Trimino wieder Gruppen, verteilt jeweils drei Karten an jeden und legt eine Karte mit drei Aufschriften auf den Tisch. Versucht nun anzulegen. Wer das nicht kann, nimmt eine Karte vom Stapel der verbliebenen Karten. Sieger dieses Triathlons ist, wer als Erster alle seine Karten anlegen konnte. Wenn alle Karten richtig gelegt wurden, ist wieder eine geometrische Figur entstanden.

Tipp: Du kannst dieses Trimino natürlich auch allein legen. Beginne dazu ebenfalls mit einer Karte mit drei Aufschriften und lege nach und nach die richtigen Karten an.

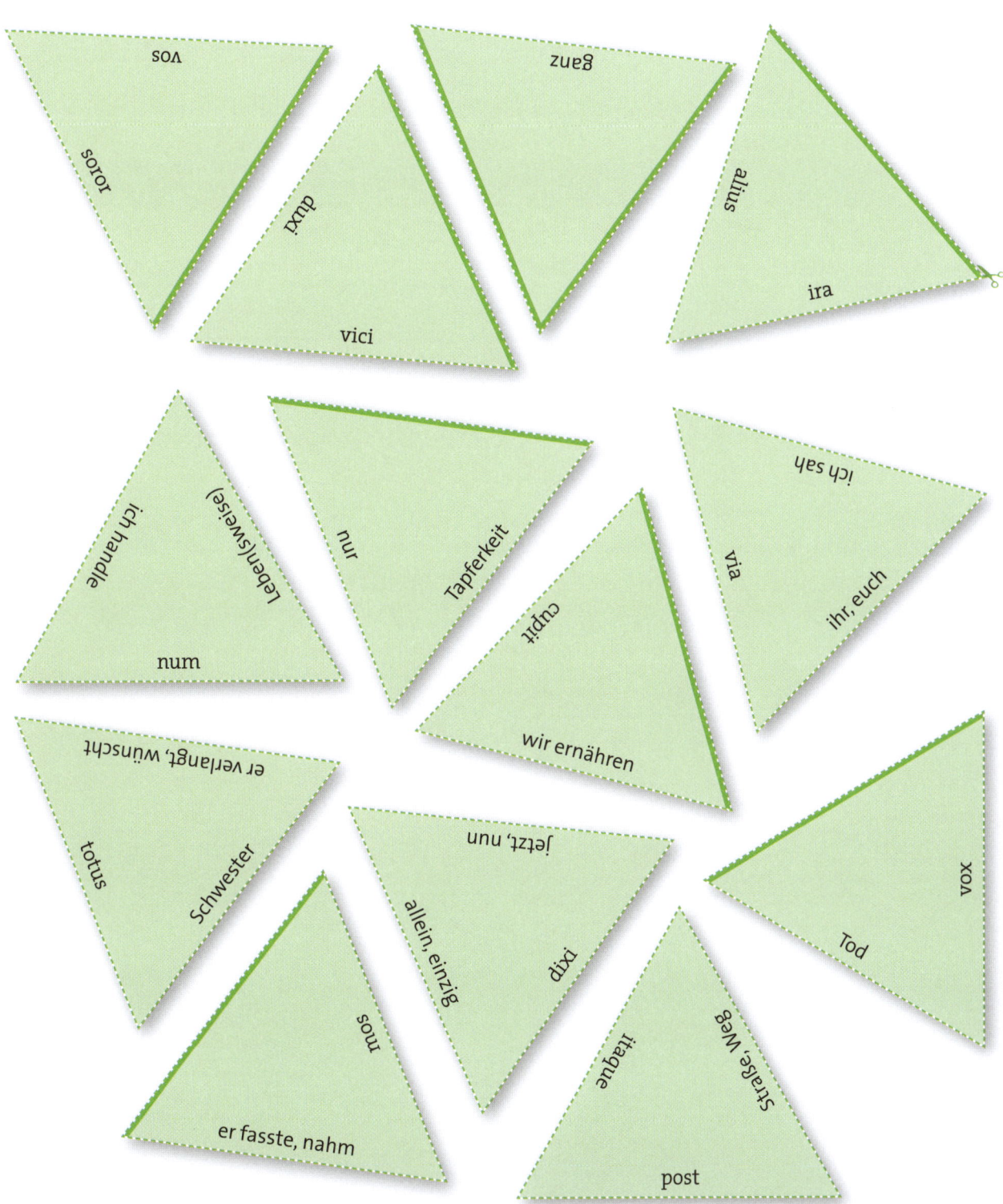

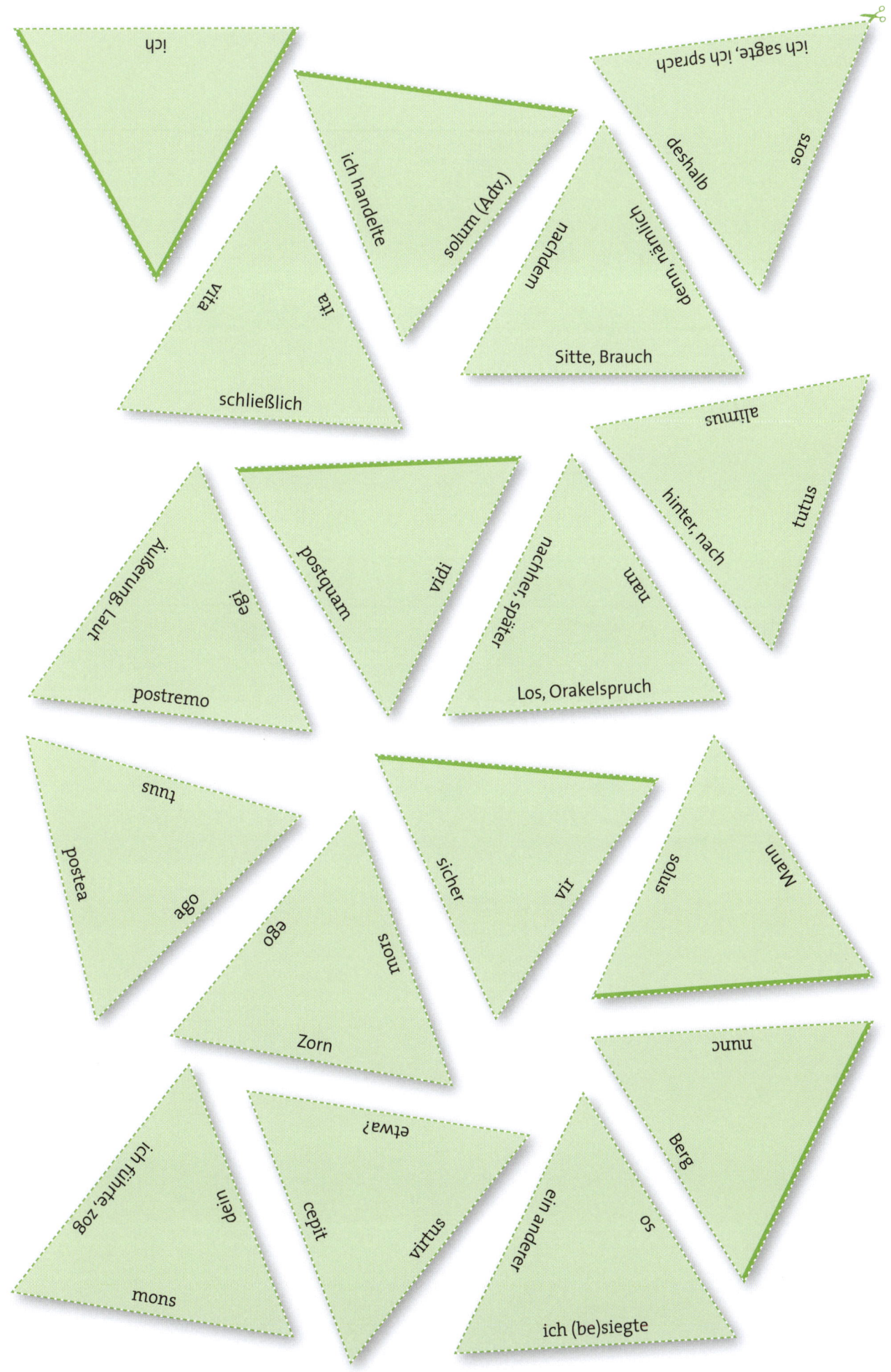

ich

ich handelte
solum (Adv.)

ich sagte, ich sprach
deshalb
sors

nachdem
denn, nämlich

vita
ita
schließlich

Sitte, Brauch

alumnus
hinter, nach
tutus

Äußerung, Laut
ego
postremo

postquam
vidi

nachher, später
nam
Los, Orakelspruch

tuus
postea
ago

sicher
vir
solus
Mann

mors
ego
Zorn

nunc
Berg

ich führte, zog
dein
mons

etwa?
cepit
virtus

ein anderer
so
ich (be)siegte

61

A. Übersetzung gesucht
Repetitio

Suche zu den Ausdrücken im oberen Kasten die richtige Übersetzung im unteren. Schreibe danach den in dieser richtigen Übersetzung fett gedruckten Buchstaben auf die Zeile mit der Nummer, die im oberen Kasten angegeben ist. So ergibt sich ein Satz. Übrigens gibt es mehr Übersetzungen als nötig.

Tipp: Du kannst natürlich auch mit einem Partner oder einer Partnerin um die Wette übersetzen.

> **12** pflege! **6** ich arbeite **3** (mit) dem anderen **17** ich ernähre **25** ich handelte
> **11** durch den Tod **14** und nicht **10** schließlich **20** Sitte, Brauch **18** dorthin **23** ich war
> **13** etwa? **7** niemals **5** weil **26** freilich, gewiss **4** zuerst **9** zum ersten Mal **27** (so) wie
> **29** es ist bekannt **2** beschließen **16** ablegen **24** Freigelassene **8** vertrauen **19** sich setzen
> **21** haltmachen **15** Beratung, Plan **28** Gastmahl **22** dem Konsul **1** des Heereszuges

> liberi ego considere constat convivium deponere deinde vos curia primo
> neco stat quidem egi si decernere nos sine liberti cura defendere denique
> num nece confidere eo cur sicut labore fur emi quid alto primum mos
> consuli neque consilium laboro agis consulo (cum) alio agminis numquam
> fui consistere alo quia consului cur

Lösungssatz:

```
___ ___ ___ ___ ___ ___   ___ ___ ___ ___ ___ ___ ___ ___ ___   ___ ___ ___ ___ ___ ___
 1   2   3   4   5   6     7   8   9  10  11  12  13  14  15     16  17  18  19  20  21
```

```
___ ___ ___ ___ ___ ___ ___ ___ .
22  23  24  25  26  27  28  29
```

B. Mäanderrätsel
Repetitio

Vielleicht hast du schon vom Fluss Mäander gehört, der sich in der heutigen Türkei befindet. Da sein Lauf sehr gewunden ist, benannte man schon sehr früh eine Verzierung an Gefäßen nach ihm: das Mäanderornament. Mäanderbänder fanden aber auch in Bordüren von Gewändern und in der Architektur Verwendung. Wie diese Verzierung aussah, zeigt dir das folgende Rätsel. Trenne alle Wörter voneinander ab und übersetze sie.

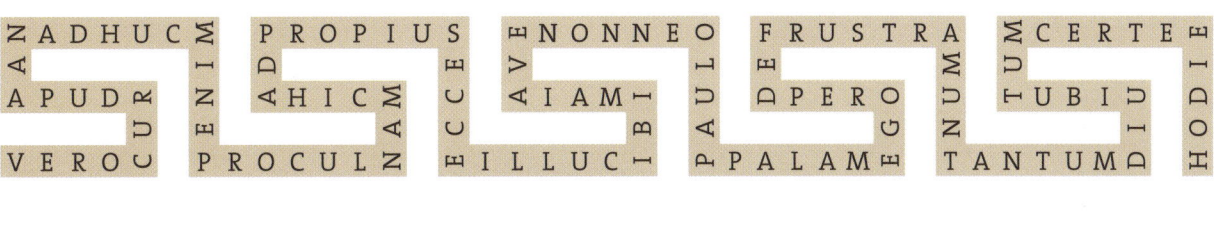

Welche Form passt?

prima.nova, Kap. 16

Trage jeweils die Form des Demonstrativpronomens is, ea, id, die zu dem vorgegebenen Wort passt, in die mittlere Spalte ein. Ergänze dann in der linken Spalte den Buchstaben, der jeder Form zugeordnet ist. Auf diese Weise ergibt sich – wenn du alles richtig gemacht hast – in der linken Spalte ein Lösungssatz.

is [M] · ea [I] · id [C] · eius [A] · ei [T] · eum [S] · eam [R] · eo [C]
ii/ei [F] · eae [S] · eorum [U] · earum [R] · eis/iis [O] · eos [E] · eas [N]

homini

urbe

mulierem

sceleribus

noctis

somnus

arma

sene

regum

comitem

hoste

voce

vinum

senatores superbos

urbium

verbis

matres bonas

pax

sorores miserae

viri et milites

itinerum

exempla

luci

Der Perfekt-Wolkenkratzer

prima.nova, Kap. 16

Übersetze die deutschen Ausdrücke ins Lateinische. Bilde dabei Perfektformen und schreibe sie an der richtigen Stelle in den Wolkenkratzer. Die jeweils richtige Stelle kannst du finden, wenn du die bereits vorgegebenen Buchstaben beachtest und auch die Zahlen hinter den deutschen Ausdrücken. Sie geben an, wie viele Buchstaben die zu findende lateinische Form hat. Wenn alles richtig gemacht wurde, ergibt sich ein Lösungssatz, der mit verwandtschaftlichen Beziehungen zu tun hat.

ich antwortete (**8**)
ich berührte (**6**)
ich beschäftigte mich (**6**)
ich beschloss (**7**)
ich blieb stehen (**7**)
ich blieb zurück (**7**)
ich eilte (**7**)
ich ermahnte (**5**)
ich gab (**4**)
ich gab auf (**6**)
ich ging weg (**8**)
ich nahm wahr (**11**)
ich richtete ein (**8**)
ich rief herbei (**9**)
ich schickte (**4**)
ich schloss ab (**6**)
ich schlug (**6**)
ich stand (**5**)
ich stand auf (**7**)
ich strengte mich an (**8**)
ich unterwarf (**7**)
ich verteidigte (**7**)
ich vertrieb (**6**)
ich war (**3**)
ich wusste nicht (**7**)
ich zeigte (**7**)

Lösungssatz:

___ ___ ___ ___ ___ ___ ___
 1   2   3   4   5   6   7

___ ___ ___ ___ ___ ___ ___ ___ ___ ;
 8   9 10 11 12 13 14 15 16

___ ___ ___ ___ ___ ___ ___ ___ ___ ___ ___ ___ ___ ___ ___ .
17 18   19 20 21 22 23   24 25 26   27 28 29 30 31

Eine Kreuzfahrt auf dem Nil

prima.nova, Kap. 17

Mit Kleopatra unternahm Caesar einst an Bord eines Prunkbootes, das „Thalamegos" genannt wurde, eine Kreuzfahrt auf dem Nil. Es handelte sich bei dem Schiff um einen schwimmenden zweistöckigen Palast, der vermutlich 14 Meter breit und 20 Meter hoch war und zu Repräsentations- und Propagandazwecken diente.

Die Länge dieses Bootes kannst du in der folgenden Übung errechnen. Setze dazu die vorgegebenen Wörter im richtigen Kasus in den Text ein. Zähle danach die Buchstaben der Formen, schreibe sie in die eckigen Klammern und addiere zuletzt alle Zahlen. Die Zahl, die sich dabei ergibt, stellt die Länge des Kreuzfahrtschiffes in Metern dar.

Caesar Cleopatram, mulierem (potens)   [   ] et (pulcher)   [   ],

amavit. (Is)   [   ] vir, qui imperatoribus (pristinus)   [   ] virtute

(summus)   [   ] praestitit, propter (is)   [   ] mulierem

(clarus)   [   ] in Aegypto mansit. Itaque cives (Romanus)   [   ]

putaverunt victorem (totus)   [   ] Galliae mulieri (superbus)

[   ] parere. Multi Caesarem etiam servum (miser)   [   ] Cleopatrae vocaverunt.

Nam imperator amicam (magnus)   [   ] donis delectavit, postquam Cleopatra virum

corpore (pulcher)   [   ] et (ingens)   [   ] copia auri sibi

adiunxit. Postquam Cleopatra Romam venit, cives et senatores verba (vehemens)

[   ] fecerunt de femina, quae, ut putaverunt, (solus)   [   ] potentiam

(is)   [   ] viri (potens)   [   ] amavit.

Lösungssatz: Die „Thalamegos" war   Meter lang.

Vokabelbingo

prima.nova, Kap. 17

Bildet Vierergruppen. Einer von euch ist der „Bingomeister", die anderen erhalten je eine der drei Bingokarten. Der „Bingomeister" nimmt nun das Lateinbuch zur Hand und wählt aus den Lernwörtern der Kapitel 15, 16 und 17 des Buches ein beliebiges Wort aus, dessen deutsche Übersetzung er vorliest. (Bei Verben bildet er jeweils die 1. Pers. Sg. des Perfekts.) Die drei Mitspieler sehen nach, ob das entsprechende lateinische Wort auf ihrer Karte zu finden ist. Wenn das der Fall ist, wird das Wort markiert, z. B. mit einem Leuchtstift. Danach wird das nächste Wort vorgelesen usw. Wer als Erster eine Fünferreihe markiert hat – senkrecht, waagrecht oder diagonal –, ruft „Bingo" und hat das Spiel gewonnen. (Damit der „Bingomeister" nicht angeschummelt wird, ist es für ihn sinnvoll, sich alle Vokabeln, die er abgefragt hat, aufzuschreiben und sorgfältig nachzuprüfen, ob der Schüler, der gewonnen hat, tatsächlich nur Wörter auf seinem Zettel markiert hat, die aufgerufen wurden.)

Tipp: Ein solches Bingospiel könnt ihr sehr leicht selbst erstellen.

dedi	temperavi	surrexi	etsi	defendi
regnum	insidiae	sibi	excitavi	potentia
erravi	quia	steti	appellavi	postulavi
pristinus	pauci	adiunxi	arcessivi	solus
accusavi	novus	misi	perspexi	ingens

dum	institui	nox	dimisi	neque
inimicus	discessi	expuli	vehemens	lux
cucurri	potens	nescivi	vitavi	falsus
quamquam	exemplum	animadverti	virtus	praestiti
attigi	primus	vester	subieci	remansi

monui	imprimis	copiae	imperavi	restiti
navis	pepuli	respondi	crimen	aurum
corpus	contentus	clarus	contendi	ostendi
clausi	conieci	pulcher	profecto	summus
decrevi	valui	verus	imperium	studui

Wie geht's weiter?

prima.nova, Kap. 18

Versehentlich wurden bei der folgenden Geschichte alle Sätze in zwei Teile zerschnitten. Füge die Enden der Sätze richtig an die Anfänge an und verbinde danach in der Figur unten die beiden Punkte, die bei den jeweils zusammengehörenden Satzhälften stehen. Welcher Lösungsbegriff ergibt sich dadurch?

Übersetze zum Abschluss die wiederhergestellte Geschichte.

2 Scimus Balbum servum ante aedes ...

9 Constat tum Caesiam ...

15 Paulo post filiam senatoris Balbum servum ...

4 Caesia enim non probavit ...

5 Balbus aedes intravit et viros feros repente ...

1 Manifestum est Balbum puellae ...

10 Protinus autem cunctis narravit nonnullos viros ...

2 Lucius Caesius Bassus senator coniecit Marcum Fundanium ...

7 Nemo enim nescivit eum patrem Caesiae ...

14 Uxor senatoris autem Fundanium ...

8 Itaque suspicionem mariti ...

5 Statim senator iussit servos ...

12 ... ex aedibus excessisse.

8 ... verbis superbis laesisse.

5 ... Luci Caesi Bassi senatoris stetisse.

2 ... adesse non potuisse.

6 ... puellam capere vidit.

13 ... id scelus commisisse non putavit.

14 ... in aedes mittere Chrysalus audivit.

9 ... falsam esse dixit.

1 ... virum ante aedes esse.

4 ... filiam suam reperire.

7 ... Caesiam abduxisse.

3 ... auctorem sceleris improbi esse.

●   ●   ●   ●   ●
1   4   7   10   13

●   ●   ●   ●   ●
2   5   8   11   14

●   ●   ●   ●   ●
3   6   9   12   15

46

Eine folgenreiche Liebesaffäre

prima.nova, Kap. 18

Füge die jeweils richtige Form der angegebenen Wörter ein und übersetze danach den Text und den Lösungssatz, der sich unten ergibt.

Helena uxor Menelai (rex) _ _ _ _ _ [22] fuit. Scimus eam mulierem (pulcher) _ _ _ _ _ _ _ _ [12, 27, 6] Paridem, filium regis Troianorum, (amare) _ _ _ _ _ _ _ _ [21, 39]. Itaque Helena cum (adulescens) _ _ _ _ _ _ _ _ _ _ _ [7, 29, 19] ex aedibus mariti (excedere) _ _ _ _ _ _ _ _ [2, 40]. Nonnulli hodie quoque (putare) _ _ _ _ _ _ [20, 3] Paridem puellam propter (corpus) _ _ _ _ _ _ [36] pulchrum (abducere) _ _ _ _ _ _ _ _ _ [15, 24, 41]. Constat Menelaum verba (vehemens) _ _ _ _ _ _ _ _ _ _ [26, 9, 35] fecisse; nam domum (venire) _ _ _ _ _ [25, 31] et (uxor) _ _ _ _ _ _ [37, 14, 1] non iam adesse vidit. Servi enim narraverunt dominam cum (vir) _ _ _ _ [13] improbo urbem (relinquere) _ _ _ _ _ _ _ _ _ _ [5, 18, 8]. Manifestum est ea verba regem clarum (laedere) _ _ _ _ _ _ _ _ [32, 38] et (is) _ _ _ _ [23] iram (excitare) _ _ _ _ _ _ _ _ _ _ _ [16, 17]. Iussit servos auctorem (scelus) _ _ _ _ _ _ _ _ [4, 34] capere et uxorem liberare. Nemo nescit (senex) _ _ _ _ _ [30, 33] paulo post cunctos reges Graeciae (convocare) _ _ _ _ _ _ _ _ _ _ _ _ [11, 10, 28] et hostes in urbe Troia petivisse. Ita propter iniuriam unius duae gentes magnae bellum gerere decreverunt.

Lösungssatz:

_ _ _ _ _ _ _ _ (1 2 3 4 5 6 7 8) _ _ _ (9 10 11) _ _ _ _ _ _ _ _ (12 13 14 15 16 17 18 19)

_ _ _ _ _ _ _ (20 21 22 23 24 25 26) _ _ _ _ _ _ _ (27 28 29 30 31 32 33) _ _ _ _ _ _ _ _ (34 35 36 37 38 39 40 41).

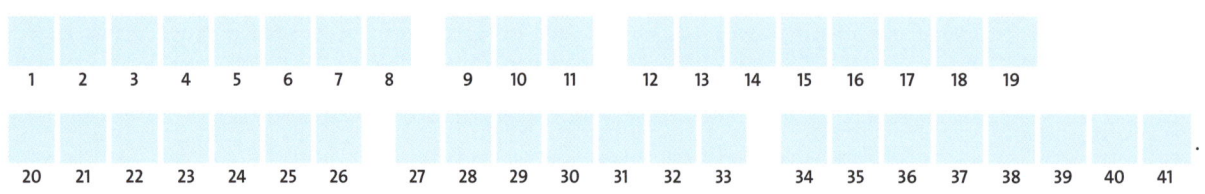

Kreuzformenrätsel

Repetitio

Bilde jeweils die verlangte Form.

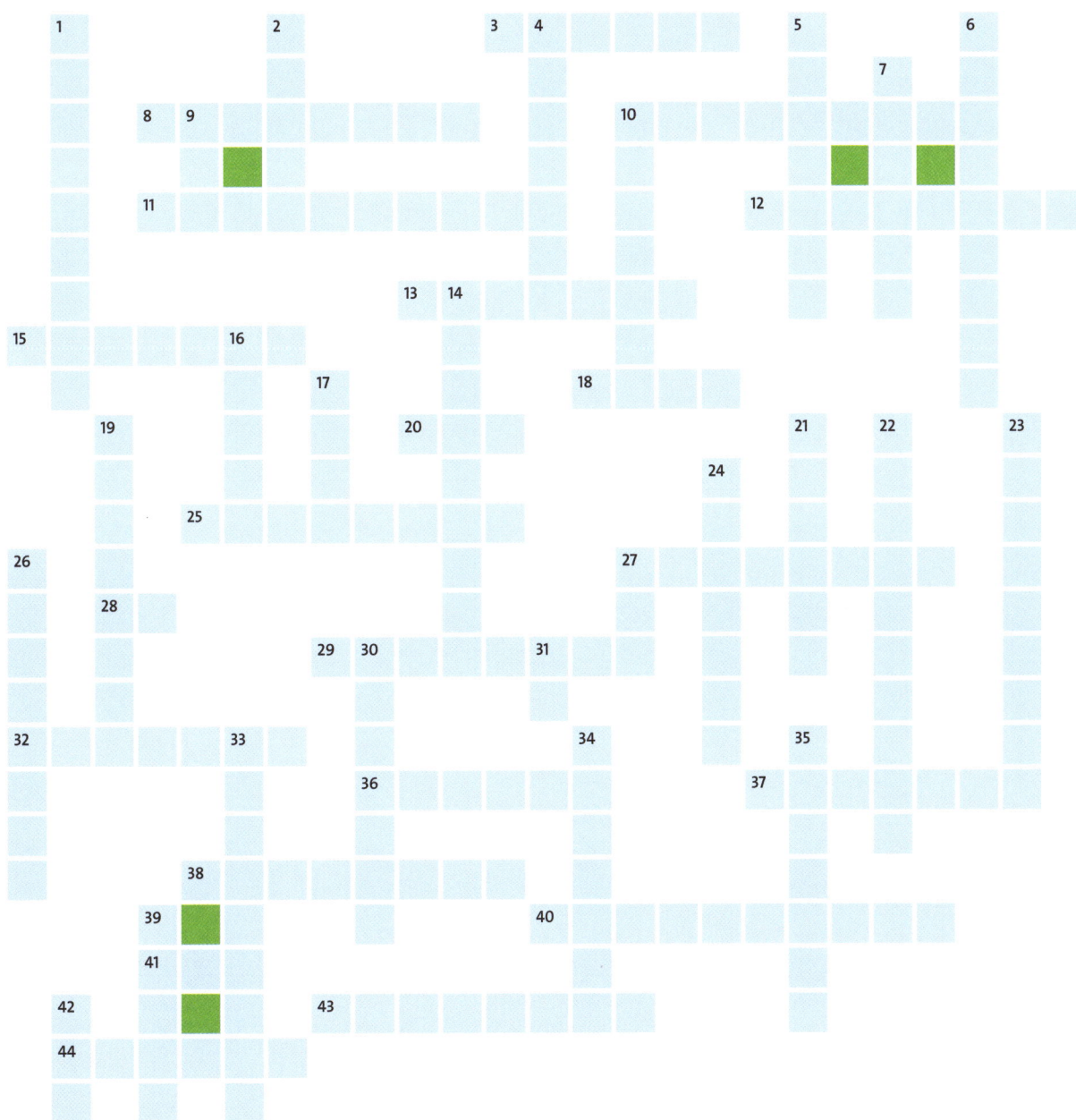

Waagrecht: 3. bella → Dat.   **8.** defendit → Perf.   **10.** possunt → Perf.   **11.** virtus → Abl. Pl.
12. auctor → Gen.   **13.** rapit → Pl.   **15.** iter → Pl.   **18.** vobis → Sg.   **20.** fui → Präs.   **25.** potuistis → Präs.
27. vis → Perf.   **28.** dedi → Präs.   **29.** vehementia → Sg.   **32.** ruunt → Perf.   **36.** potui → Präs.
37. noluimus → Präs.   **38.** quaerit → Pl.   **40.** committere → Perf.   **41.** eum → Pl.   **43.** reperit → Perf.
44. gladius → Gen.

Senkrecht: 1. manifestum → Pl.   **2.** adfuit → Präs.   **4.** excedo → Perf.   **5.** laeserunt → Präs.
6. interrogare → Imper. Sg.   **7.** voluistis → Präs.   **9.** ago → Perf.   **10.** potentibus → Sg.   **14.** abducere → Perf.
16. regnum → Abl.   **17.** esse → Imper. Pl.   **19.** excedere → Imper. Pl.   **21.** agmen → Pl.   **22.** continuimus → Präs.
23. caput → Dat. Pl.   **24.** pulcher → f.   **26.** quaesivisse → Präs.   **27.** te → Pl.   **30.** eripuisse → Präs.
31. eius → Dat.   **33.** non vultis → Perf.   **34.** improbus → Gen.   **35.** nox → Gen. Pl.   **39.** ferarum → Sg.
42. me → Nom.

Domino mal anders

Repetitio

Dieses Domino mit Zeitangaben ist schon richtig aufgelegt, allerdings fehlen viele deutsche bzw. lateinische Ausdrücke. Ergänze sie.

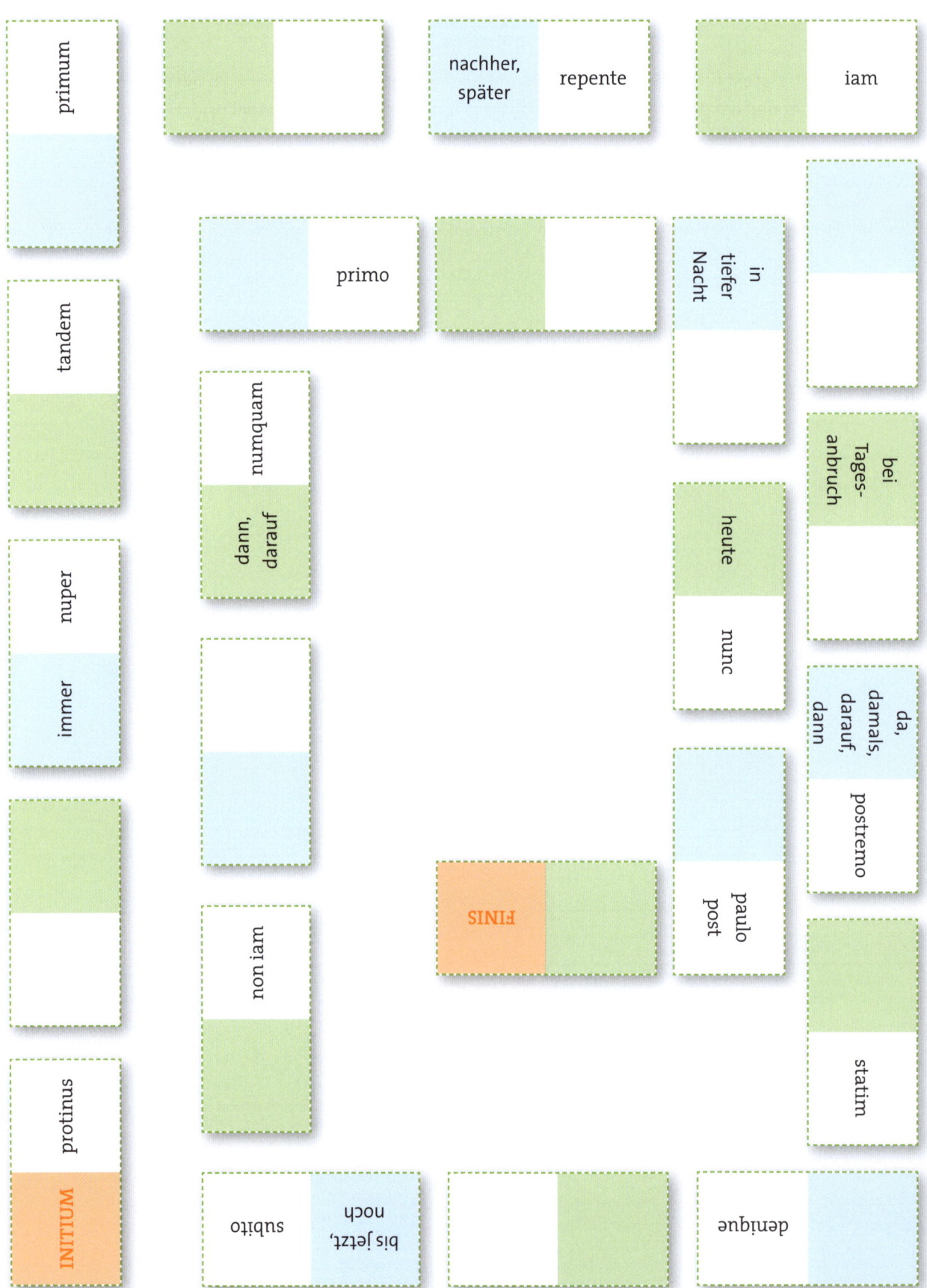

A. Verbenwürfelspiel

prima.nova, Kap. 19

Für dieses Spiel für zwei bis vier Personen braucht ihr drei Würfel: einen weißen, einen roten und einen grünen. Bei dem roten Würfel überklebt ihr die Seiten, auf denen drei, vier, fünf und sechs Augen zu sehen sind. Stattdessen klebt ihr zweimal ein und zwei Augen auf, sodass auf diesem Würfel je dreimal ein und zwei Augen erscheinen.

Der weiße Würfel steht für die Person und den Numerus, in die ihr das Verb setzen sollt. Der rote Würfel bezeichnet das Tempus, und der grüne Würfel sagt euch, welches Verb ihr konjugieren sollt.

Weißer Würfel				Roter Würfel		Grüner Würfel			
1	1. Pers. Sg.	4	1. Pers. Pl.	1	Präsens	1	posse	4	esse
2	2. Pers. Sg.	5	2. Pers. Pl.	2	Perfekt	2	timere	5	capere
3	3. Pers. Sg.	6	3. Pers. Pl.			3	sentire	6	deficere

Nun würfelt ihr reihum mit allen drei Würfeln und bildet die Form, die sich ergeben hat. (Die Zahlenkombination 5—2—4 steht für „2. Pers. Pl. Perfekt von esse", also „fuistis".) Für jede Form, die richtig war, gibt es einen Punkt. Gewonnen hat der Schüler mit den meisten Punkten. Tipp: Natürlich kann man auch allein würfeln und Formen bilden.

B. Was passt zusammen?

prima.nova, Kap. 19

Vervollständige die Ausdrücke, indem du Zusammengehöriges mit der gleichen Farbe unterstreichst.

> animo – clamorem – gratias – hostes – insidias – multum – scelus – togam – verba

> tollere – parare – committere – facere – sumere – petere – deficere – valere – agere

C. Computerpanne

prima.nova, Kap. 19

Durch eine Computerpanne wurden alle Leerräume zwischen einer Reihe von Wörtern gelöscht. Markiere diese Leerräume durch senkrechte Striche. Schreibe dann alle Wörter, die du gefunden hast, in eine Tabelle und übersetze sie.

ILLUCSICUTANQUIDEMPROCULEQUIDEMSOLUMETSIAUTEMUNDIQUEPALAMCIRCITERQUOQUEFRUSTRAECCEIMPRIMISDIUITA

A. Außenseiter gesucht

prima.nova, Kap. 19

In jeder der folgenden Zeilen ist ein Außenseiter versteckt. Suche ihn und berücksichtige dabei den Aspekt, der jeweils angegeben ist. Markiere danach den Außenseiter farbig. Die jeweils zweiten Buchstaben der Begriffe, die aus der Reihe tanzen, ergeben einen Namen, wenn du sie an der richtigen Stelle unten einträgst.

1. scelera – potentia – vera – calamitas – vestras (Genus)
2. relinquunt – reges – mariti – signi – vehementes (Numerus)
3. virum – regna – pulchros – tunica – pauca (Kasus)
4. ante – de – circum – apud – post (Kasus, mit dem das Wort steht)
5. profecto – cur – bene – imprimis – iterum (Wortart)
6. perspicio – eripio – scio – facio – capio (Konjugationsklasse)
7. barbara – crimen – corpora – legiones – rex (Deklination)
8. defendit – sensit – laesit – crevit – ducit (Tempus)
9. currere – contendere – claudere – discedere – properare (Wortfeld)
10. proelium – telum – munire – pugnare – vitare (Sachfeld)

				S
9	3	1	10	8

			S		S
6	7	4		2	5

B. Wörterlabyrinth

prima.nova, Kap. 19

Folge dem Weg durchs Wörterlabyrinth und trage alle Formen, die du findest, in eine Liste ein. Danach übersetzt du alle Begriffe.

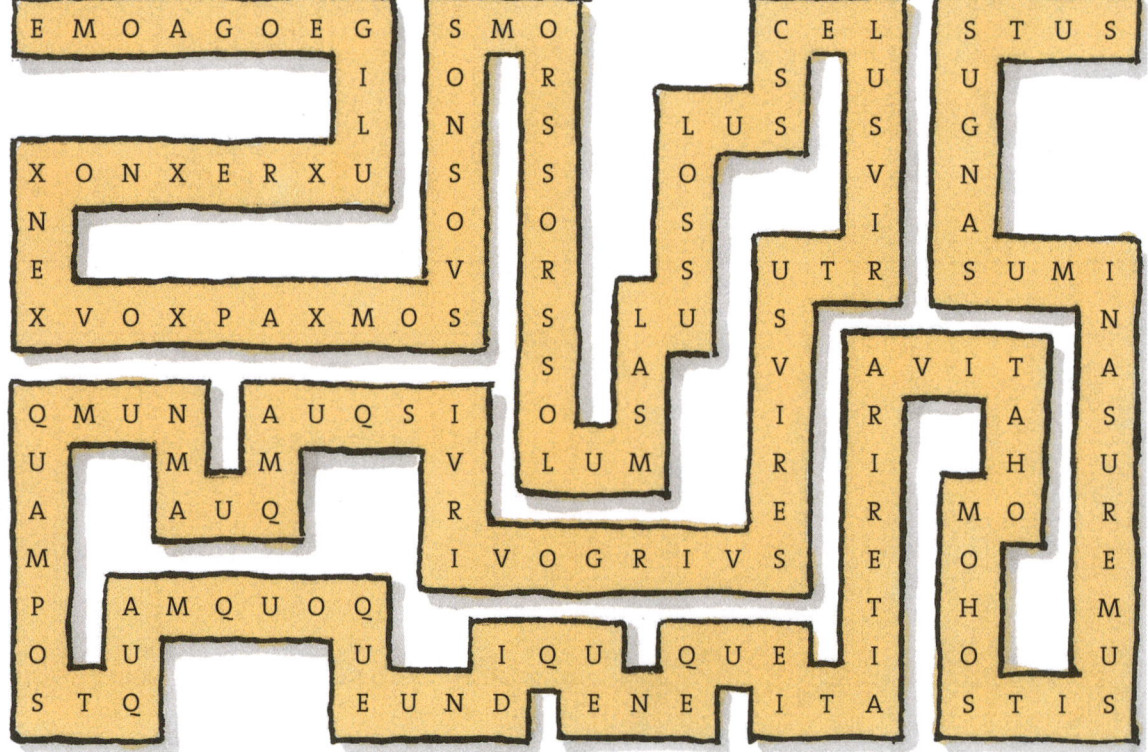

Kreuzimperfekträtsel
prima.nova, Kap. 20

Setze alle Perfektformen ins Imperfekt.

Waagrecht:
1. fecerunt
5. muniverunt
7. rapuimus
8. diximus 12. monuit
13. commisimus
14. prohibuit
17. terruimus
21. amavit 23. risisti
25. eripuit
26. steterunt
29. desideravisti
32. concesserunt
33. repperisti
35. misi 37. quievimus
38. abduxistis
39. intravi

Senkrecht: 2. nescivimus 3. continui 4. vocavisti
6. volavi 9. sensisti 10. attigerunt 11. valuerunt
15. ruit 16. traxit 18. studuistis 19. cepistis
20. induxistis 22. crevi 24. fuisti 27. laesistis
28. carui 30. aperui 31. reliquit 34. pepulistis
36. quaesivit

Das ImBAfekt

prima.nova, Kap. 20

Kannst du alle Imperfektformen bilden? Am Ende ergibt sich ein Lösungssatz.

1. ich meldete   __ __ __ __ __ __ `BA` __
    18

2. du bliebst   __ __ __ __ `BA` __
    26

3. wir fassten   __ __ __ __ `BA` __ __ __
    3

4. sie stand offen   __ __ __ __ `BA` __ __
    23

5. ihr meintet   __ __ __ __ __ `BA` __ __ __
    8   27

6. ich kam   __ __ __ __ __ `BA` __
    10

7. sie wussten   __ __ __ `BA` __
    6

8. ich kaufte   __ __ __ `BA` __
    2

9. sie machten   __ __ __ __ __ `BA` __ __
    22

10. du sahst   __ __ __ `BA` __
    13

11. sie erwarteten   __ __ __ __ __ __ __ `BA` __ __
    12   14

12. sie führte   __ __ __ `BA` __
    9

13. wir gaben   __ __ __ `BA` __ __
    20   5

14. sie hatte   __ __ __ __ `BA` __
    19   21

15. wir eilten   __ __ __ __ __ `BA` __ __
    17

16. ich antwortete   __ __ __ __ __ `BA` __
    1

17. ihr befreitet   __ __ __ __ __ `BA` __ __
    25   16

18. du fülltest an   __ __ __ __ `BA` __
    15

19. wir ernährten   __ __ __ __ `BA` __ __
    24   7

20. sie besiegten   __ __ __ __ `BA` __ __
    11   4

☐ ☐ ☐ ☐ ☐ ☐ ☐ ☐   ☐ ☐ ☐ ☐   ☐ ☐

1   2   3   4   5   6   7   8   9   10   11   12   13   14

☐ ☐ ☐ ☐   ☐ ☐ ☐ ☐ ☐ ☐ ☐ ☐ ☐ .

15   16   17   18   19   20   21   22   23   24   25   26   27

Domino

prima.nova, Kap. 21

Schneide die Dominokarten aus und beginne beim Legen mit dem Wort INITIUM (Anfang). Lege stets die passende Form an. Der letzte Begriff ist FINIS (Ende). Wenn alles richtig aufgelegt wurde, zeigt sich ein Lösungssatz.

INITIUM / multis		R virtute / T cunctae	
■ celeri / A militis		U copiarum / S nave	
F laboribus / O magno		undam / FINIS	
I virgines / B omnium		A facile / ■ fratres	
F fortes / O magna		D fortis / E verba	
S vehementia / T ingentem		R clamore / T amicis	
U nobilibus / N officium			

Durcheinandergewirbelt

prima.nova, Kap. 21

Jemand hat eine Liste von verschiedenen Formen der Komposita von ire gemacht. Allerdings sind dann innerhalb der Formen alle Buchstaben durcheinandergeraten. Versuche, die ursprünglichen Formen zu rekonstruieren, und schreibe sie in die mittlere Spalte. In der rechten Spalte übersetzt du sie.

Tipp: Alle Formen beginnen entweder mit in-, ad-, per- oder trans-.

	lateinische Form	deutsche Übersetzung
eiprs		
utdean		
dsiita		
btnaii		
bsdaai		
tnsiii		
eierpt		
mbniai		
rniast		
distisa		
nbnitia		
eisesrp		
euirspm		
inrstai		
nerasto		
inrstat		
sbdtaiia		
sabdmiau		
teunniir		
eismipru		
ienrrast		
tniraits		

A. Alles endet mit is

Repetitio

Übersetze die folgenden Begriffe und trage sie in den Halbkreis ein. Alle enden mit den Buchstaben is.

1. ihr helft
2. den Seeräubern
3. allen
4. der Schwester
5. ihr hört
6. ihr handeltet
7. du erblickst
8. ihr geht zugrunde
9. durch Schwerter
10. ihr wart
11. des Menschen
12. ihr eiltet

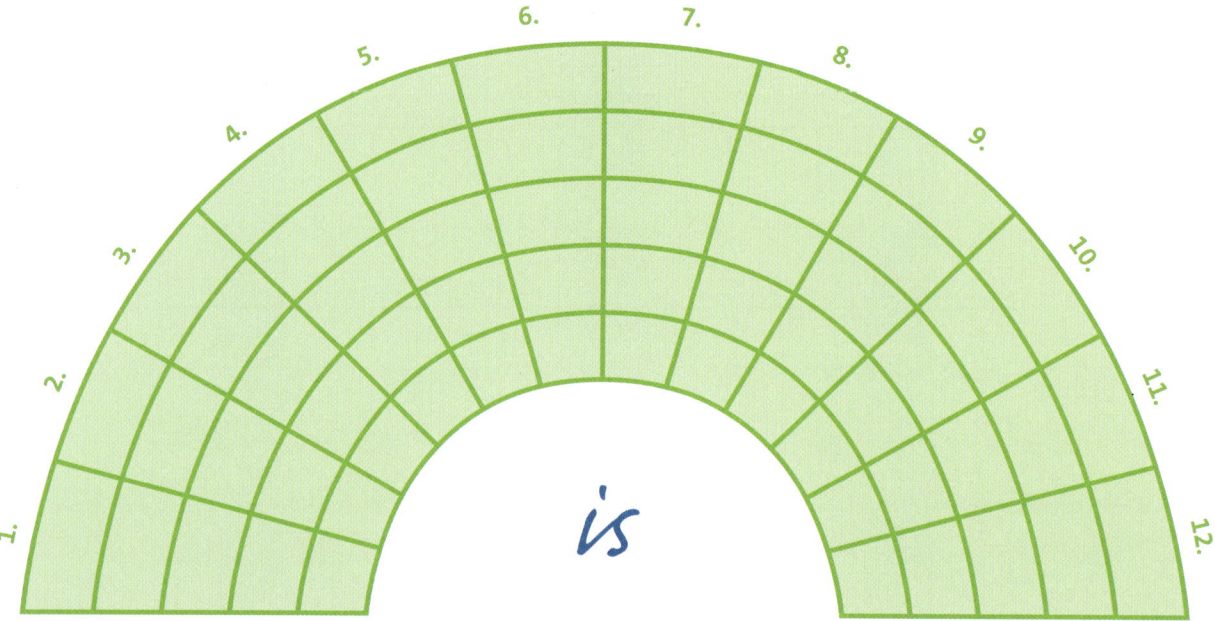

B. Pluralform gesucht

Suche zu den Begriffen im oberen Kasten die entsprechenden Pluralformen im unteren. Danach verbindest du die angegebenen Punkte miteinander. So ergibt sich ein Lösungswort. Beachte: Da manchmal zwei Lösungen richtig sind, sind in solchen Fällen auch zwei Striche zu ziehen.

celere **19**   celeri **9**   cui **17**   cuius **24**   ei **2**   fortis **16**   id **2**   it **20**   magnae **7**
magnum **15**   mihi **13**   senatore **19**   senatoris **4**   vehemens **11**

celeres **16**   celeria **22**   celeribus **8**   celeris **6**   ea **5**   eis **1**   eos **4**   eunt **23**
fortia **19**   fortium **17**   ierunt **22**   iis **3**   magna **14**   magnarum **8**   magnas **10**
magnos **10**   nobis **14**   quarum **21**   quibus **18**   quorum **23**   senatores **7**
senatoribus **20**   senatoris **23**   senatorum **1**   vehementes **12**   vehementia **10**   vobis **10**

● 1   ● 4   ● 7   ● 10   ● 13   ● 16   ● 19   ● 22

● 2   ● 5   ● 8   ● 11   ● 14   ● 17   ● 20   ● 23

● 3   ● 6   ● 9   ● 12   ● 15   ● 18   ● 21   ● 24

Memoria

Repetitio

Das Memoria-Spiel kennst du ja schon. Auch diesmal bilden jeweils eine quadratische und eine runde Karte ein Paar. Schneide die Kärtchen aus, mische sie und lege sie mit der Beschriftung nach unten auf den Tisch. Versuche dann, durch Aufdecken von je zwei Karten unterschiedlicher Form Paare zu finden, die Ausdrücke mit etwa gegensätzlichen Bedeutungen aufweisen.

Tipp: Viel mehr Spaß macht es natürlich, wenn du dir Mitspieler(innen) suchst. Wer die meisten Paare finden konnte, hat gewonnen.

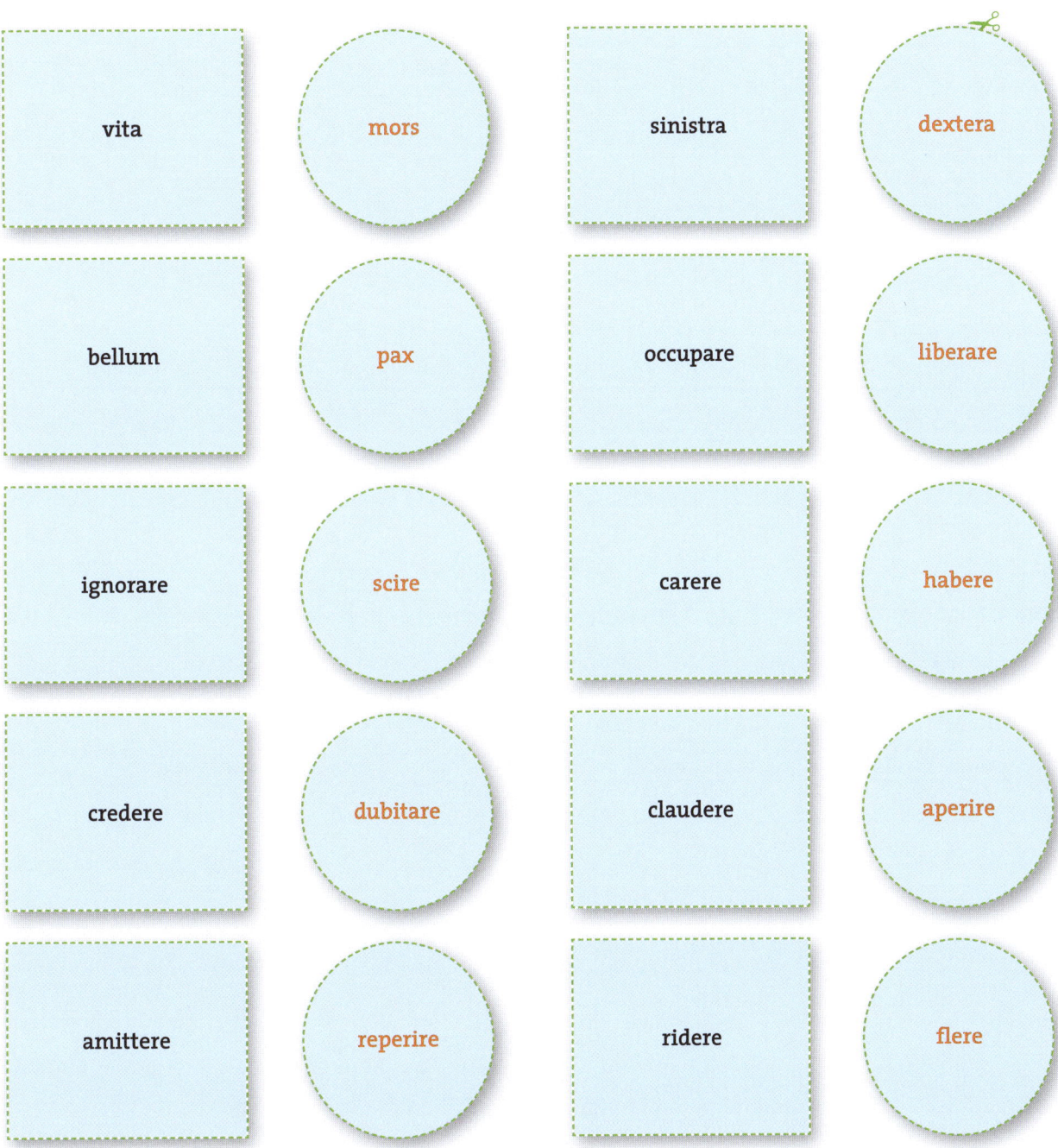

vita — mors — sinistra — dextera

bellum — pax — occupare — liberare

ignorare — scire — carere — habere

credere — dubitare — claudere — aperire

amittere — reperire — ridere — flere

quaerere	respondere	venire	relinquere
sedere	stare	imperare	parere
maritus	uxor	bonus	malus
primus	ultimus	verus	falsus
probus	sceleratus	properare	consistere
arcessere	expellere	clarus	obscurus
servare	necare	discedere	manere

Lösung 0

1a) Bonbon: etwas, das gut ist/schmeckt **1b)** Computer: ein Zusammenrechner; einer, der rechnet **1c)** total: ganz/sehr **1d)** optimal: bestens

> Folgende Wörter entstammen übrigens dem Lateinischen:
> Felix, Ampel, Benedikt, Kollegen, Kanzlei, Regel, pünktlich, komisch, Clown, Schule, Klasse, Konditorei, prima, Bonbons, polierte, Nase, Computer, total, nobel, Internet, PC, optimal, gratulierte, imponierte, Straße, fachsimpelten, Tastaturen, Monitore, Displays, Dom, Prüfungen, Vokabeltest, Doktor (Dr.), Kaufmann, diskutierten, interessiert, Extemporale, Abitur

2. Mathematik: Addition, Division, Multiplikation, Subtraktion
Religion/Kirche: Altar, Hostie, Kardinal, Sakristei
Gesundheit/Medizin: Kur, Medikament, Patient, Pille
Essen/Nahrungsmittel: Käse, Wein, Öl, Rettich
Architektur/Bauwesen: Fenster, Keller, Mauer, Villa
Musik: Dirigent, Duo, Dur, Instrument

Lösung 1

INITIUM | stat – er steht | gaudere – sich freuen | rogat – sie bittet | salve – sei gegrüßt | properare – eilen | ridere – lachen | est – es ist | adesse – da sein | clamat – sie schreit | rogare – bitten | ridet – er lacht | esse – sein | properat – sie eilt | salvete – seid gegrüßt | gaudet – sie freut sich | clamare – schreien | adest – es ist da | FINIS

Lösungssatz: Ubi senator est? (Wo ist der Senator?)

Lösung 2

Waagrecht: 1. ubi **4.** subito **5.** forum **6.** et **8.** hic **10.** curia **12.** ridet **14.** stat **16.** ave | **Senkrecht: 2.** ibi **3.** properare **4.** servus **7.** nam **9.** clamare **11.** adest **13.** turba **15.** tum

Lösung 3

1. Fall – Nominativ | ein Hauptwort beugen – deklinieren | ein Zeitwort beugen – konjugieren | Einzahl – Singular | Fall – Kasus | Gegenwart – Praesens | grammatische Geschlechter – Genera | grammatisches Geschlecht – Genus | Grundform des Zeitworts – Infinitiv | Hauptwort – Substantiv | Mehrzahl – Plural | Satzaussage – Praedikat | Satzgegenstand – Subjekt | Zeitwort – Verb | Zahl (also Singular bzw. Plural) – Numerus | Übereinstimmung zwischen Satzaussage und Satzgegenstand – Kongruenz

Lösungssatz: Aulus gaudet, nam ludi sunt. (Aulus freut sich, denn es sind Spiele.)

Lösung 4

senator – senatores | forum – fora | servus – servi | properat – properant | turba – turbae | gaudet – gaudent | equus – equi | ridet – rident | praemium – praemia | accedit – accedunt | ludus – ludi | vocat – vocant | stat – stant | currit – currunt | patet – patent | porta – portae | surgit – surgunt | signum – signa | tacet – tacent | victor – victores | amicus – amici | dat – dant

Lösung 5

die Tempel – templa | die Freundin – amicam | die Gebäude – aedificia | die Basiliken – basilicas | die Kaufleute – mercatores | das Tier – bestiam

den Marktplatz – forum | das Geschrei – clamorem | die Frauen – mulieres | die Rennbahn – circum | die Freunde – amicos

das Volk – populum | die Läden – tabernas | den Sieger – victorem | die Spiele – ludos | das Zeichen – signum | die Tore – portas

Lösungssatz: Amicae forum petunt. (Die Freundinnen suchen den Marktplatz auf.)

Lösung 6

Triminoschema → s. Anlage 1

Lösung 7

rogare: (er)bitten, **fragen** | taberna: Laden, **Werkstatt, Gasthaus** | patere: offenstehen, **sich erstrecken** | vocare: rufen, **nennen** | praemium: (Sieges-)Preis, **Belohnung, Lohn** | videre: sehen, **darauf achten** | petere: (auf)suchen, (er)streben, **bitten, verlangen** | spectare: betrachten, **hinsehen** | signum: Merkmal, **Zeichen** | intrare: betreten, **eintreten** | ludus: Spiel, **Wettkampf, Schule** | contendere: eilen, **sich anstrengen** | delectare: erfreuen, **unterhalten** | turba: Menschenmenge, **Lärm, Verwirrung** | tollere: aufheben, in die Höhe heben, **wegnehmen** | relinquere: unbeachtet lassen, verlassen, **zurücklassen** | forum: Marktplatz, Forum, **Öffentlichkeit**

Lösung 8

1. Equi signum exspectant. (Die Pferde erwarten das Zeichen.)
2. Victores praemia vident. (Die Sieger sehen die Belohnungen.)
3. Servi tabernam petunt. (Die Sklaven suchen den Laden auf.)
4. Mulieres amicas vocant. (Die Frauen rufen die Freundinnen.)
5. Senator curiam intrat. (Der Senator betritt die Kurie.)
6. Turba clamorem tollit. (Die Menschenmenge erhebt Geschrei.)
7. Populus ludos spectat. (Das Volk betrachtet die Spiele.)
8. Quid mercator vendit? (Was verkauft der Kaufmann?)

Lösung 9

Nominativ Singular: mercator | mulier | populus | senator
Nominativ Plural: basilicae | equi | thermae | turbae
Akkusativ Singular: amicam | amicum | senem | vestem
Akkusativ Plural: circos | ludos | tabernas | thermas
Ablativ Singular: clamore | ludo | praemio | uxore
Ablativ Plural: adulescentibus | aedificiis | bestiis | servis
Nominativ/
Ablativ Singular: basilica | curia | pecunia | porta
Nominativ/
Akkusativ Singular: forum | signum | templum | vinum
Nominativ/
Akkusativ Plural: dona | fures | signa | victores

Lösung 10

Waagrecht: 3. basilicis **5.** populo **10.** ludo **11.** circo **13.** praemiis **14.** sene **15.** adulescentibus **18.** amicis **20.** equis **21.** porta **22.** aedificio | **Senkrecht: 1.** vino **2.** dono **4.** furibus **6.** tabernis **7.** uxoribus **8.** clamore **9.** foris **12.** veste **13.** pecunia **15.** amica **16.** bestiis **17.** servis **19.** templis

Lösung 11

a) du bist: es **b)** er zögert: dubitat **c)** ich melde: nuntio **d)** sie kämpfen: pugnant **e)** es schmerzt: dolet **f)** sie antworten: respondent **g)** wir müssen: debemus **h)** ihr freut euch: gaudetis **i)** sie macht halt: consistit **j)** du verteidigst: defendis **k)** ihr seid: estis **l)** er verehrt: colit **m)** wir leben: vivimus **n)** ihr nehmt: sumitis **o)** sie legen ab: deponunt **p)** ich fülle an: compleo **q)** du liebst: amas **r)** ich lobe: laudo **s)** wir denken: cogitamus **t)** ich betrete: intro

Lösungssatz: Nuntius in curia victoriam nuntiat. (Der Bote meldet in der Kurie den Sieg.)

Lösung 13

delectamus (6)	debetis (13)	exspectat (2)	vivo (8)	gaudeo (10)
iubet (9)	mittimus (16)	ostendunt (5)	tollimus (12)	respondemus (4)
rogas (15)	orno (1)	placemus (19)	intrat (18)	portatis (20)
emunt (17)	doles (11)	amatis (14)	colis (3)	rident (7)

Lösung 14

A. 1. i **2.** es **3.** ama **4.** iube **5.** intra **6.** videte **7.** laudate **8.** cogitate **9.** ostendite **10.** respondete

Lösungssatz: Ora et labora! (Bete und arbeite!)

B. 1. depono **2.** accedo **3.** gaudeo **4.** specto **5.** cogito **6.** dubito **7.** nuntio **8.** laboro **9.** populo **10.** placeo **11.** templo **12.** subito

B. Du hast deine Sache BENE, also gut gemacht!
(ibi [dort], sed [aber, sondern], in [in] und certe [gewiss, sicherlich] sind keine Zeitangaben)

paulo post: kurz darauf | subito: plötzlich | tum: da, damals, darauf, dann | repente: plötzlich | hodie: heute | numquam: niemals | diu: lange Zeit | semper: immer | tandem: endlich | nunc: jetzt, nun | non iam: nicht mehr | denique: schließlich, zuletzt | iam: schon, nun | statim: auf der Stelle, sofort

Lösung 15

A. Marcus **cum uxore in foro** stat. **Ante curiam** amicos exspectant. Domini **sine uxoribus de Capitolio** accedunt et **ad tabernam** currunt.
Dominae **apud basilicam** sunt et **per portas in aedificium apud templa** properant.
Liberi **e ludo** contendunt et **pro aede circum senem** currunt.

Lösungssatz: Fures pecuniam tollunt. (Diebe nehmen Geld weg.)

Lösung 16

Waagrecht: 4. equo **5.** pugnas **9.** respondent **11.** portamus **12.** sene **15.** puella **18.** iniurias **19.** tace **20.** pericula **23.** placetis **25.** debeo **29.** victoriis **31.** colis **32.** amate **33.** vivitis **35.** complet **37.** doles **39.** nuntium **42.** barbaros | **Senkrecht: 1.** nuntiant **2.** defendunt **3.** ludis **5.** pete **6.** aedificiis **7.** consulibus **8.** deponit **10.** furem **13.** paratis **14.** patria **16.** orno **17.** laudat **21.** emimus **22.** accedite **24.** donum **26.** iubemus **27.** cogita **28.** mitto **30.** ridete **34.** signo **36.** pueri **37.** deus **38.** dominam **40.** matres **41.** mensae

Lösung 17

1. arma – armorum **2.** forum – fori **3.** fur – furis **4.** nuntius – nuntii **5.** patria – patriae **6.** uxores – uxorum **7.** filius – filii **8.** vinum – vini **9.** signum – signi **10.** dei – deorum **11.** puella – puellae **12.** liberi – liberorum **13.** vestes – vestium **14.** filia – filiae **15.** senex – senis **16.** ludus – ludi **17.** puer – pueri **18.** matres – matrum **19.** dona – donorum **20.** aedes – aedium **21.** toga – togae **22.** equus – equi **23.** cenae – cenarum

Lösungssatz: Pater et mater toga Publii gaudent. (Der Vater und die Mutter freuen sich über Publius' Toga.)

Lösung 18

ridet: sie lacht | videt: sie sieht | probas: du beweist | properas: du eilst | tandem: endlich | tamen: dennoch | tantum: nur | converto: ich verändere | consisto: ich mache halt | contendo: ich eile | mittis: du lässt los | admittis: du lässt zu | volo: ich will | nolo: ich will nicht | sumis: du nimmst | surgis: du stehst auf | pater: Vater | patere: offenstehen | circus: Rennbahn | circiter: ungefähr | oculo: durch das Auge | populo: durch das Volk | consilio: durch den Plan | convivio: durch das Gastmahl

Lösung 20

Triminoschema → s. Anlage 2

Lösung 21

1. gratia: **(P)** Nom. Sg., **(U)** Abl. Sg. **2.** dei: **(B)** Nom. Pl., **(L)** Gen. Sg. **3.** dominae: **(I)** Gen. Sg., **(O)** Dat. Sg., **(N)** Nom. Pl. **4.** negotio: **(U)** Dat. Sg., **(N)** Abl. Sg. **5.** moribus: **(C)** Dat. Pl., **(T)** Abl. Pl. **6.** aquam: **(O)** Akk. Sg. **7.** hospitibus: **(G)** Dat. Pl., **(A)** Abl. Pl. **8.** agmen: **(V)** Akk. Sg. **9.** orationi: **(I)** Dat. Sg. **10.** puellis: **(R)** Abl. Pl., **(I)** Dat. Pl. **11.** dominos: **(L)** Akk. Pl. **12.** verba: **(I)** Akk. Pl., **(S)** Nom. Pl. **13.** bestiae: **(E)** Gen. Sg., **(S)** Dat. Sg. **14.** serve: **(T)** Vok. Sg.

Lösungssatz: Publio nunc toga virilis est. (Publius hat nun die Männertoga.)

Lösung 22

A. 1. Hospiti equus est. (Der Gast hat ein Pferd.)
2. Puero toga est. (Der Junge hat eine Toga.)
3. Aquiliis servi sunt. (Die Aquilier haben Sklaven.)
4. Parentibus liberi sunt. (Die Eltern haben Kinder.)
5. Iunoni templa sunt. (Iuno hat Tempel.)

6. Domino liberti sunt. (Der Herr hat Freigelassene.)
7. Iovi uxor est. (Jupiter hat eine Ehefrau.)

Der römische Lehrer hätte „Te laudo!" („Ich lobe dich!") zu dir gesagt.

B. circus **3** – Zirkus, Rennbahn **15** | cibus **29** – Nahrung, Speise **30** | circum **7** – um ... herum, rings um **19** | circiter **13** – ungefähr **25** | mos **1** – Sitte, Brauch **2** | mons **8** – Berg **12** | porto **22** – ich trage, bringe **28** | porta **5** – Tor **17** | parere **6** – gehorchen, sich richten nach **11** | patere **13** – offenstehen, sich erstrecken **14** | victor **4** – Sieger **10** | victoria **31** – Sieg **32** | puer **19** – Junge, Bub **20** | per **21** – (hin)durch **26** | quis **27** – wer **28** | quid **2** – was **9** | ecce **5** – schau(t) **6** | esse **7** – sein, sich befinden **8** | bibis **23** – du trinkst **30** | vivis **15** – du lebst **27** | denique **25** – schließlich, zuletzt **26** | undique **19** – von allen Seiten **31** | atque **17** – und **29** | quoque **3** – auch **4** | primo **1** – zuerst **13** | paulo **24** – (um) ein wenig **32**

Lösungswort: ECCE

Lösung 23

viginti: zwanzig | bene: gut | paulo: (um) ein wenig | denique: schließlich, zuletzt | semper: immer | tamen: dennoch, jedoch | licet: es ist erlaubt, es ist möglich | palam: bekannt, in der Öffentlichkeit | tandem: endlich | tum: da, damals, darauf, dann | primo: zuerst | certe: gewiss, sicherlich | nonne: (etwa) nicht | statim: auf der Stelle, sofort | postea: nachher, später | cur: warum | tantum: nur | numquam: niemals | undique: von allen Seiten | repente: plötzlich | itaque: deshalb | autem: aber, andererseits

Lösung 24

1 narras **2** conveniunt **3** bibimus **4** paretis **5** interest **6** venio **7** audiunt **8** inducitis **9** agit **10** das **11** habemus **12** debeo **13** vendis **14** sumitis **15** tollo **16** surgunt **17** delectat **18** tacemus **19** attingis **20** circumvenit **21** iubeo **22** defendimus **23** vultis

Lösung 25

Waagrecht: **2.** spina **5.** stilus **10.** Toga **11.** lares **12.** Kurie **13.** lararium **14.** Palla **15.** volumen **18.** Tunika **19.** Forum **20.** Thermen **21.** capsa | **Senkrecht:** **1.** Wachstafel **3.** Pergament **4.** Apicius **6.** Subura **7.** tabularium **8.** Papyrus **9.** Circus Maximus **10.** triclinium **11.** libertus **16.** basilica **17.** rostra **19.** Fleisch

Lösung 26

narrant (30)	legunt (27)	statis (15)	aspiciunt (32)	iubent (7)	dicunt (22)
servant (4)	venio (33)	sciunt (10)	corripiunt (35)	pugno (16)	tacent (36)
mittunt (14)	vides (5)	relinquunt (17)	clamant (2)	habent (6)	placent (23)
ostendunt (20)	praebent (28)	cupiunt (24)	debent (34)	audit (11)	tollunt (3)
gaudemus (8)	vocant (31)	perveniunt (18)	rogat (29)	complent (26)	ducunt (19)
faciunt (13)	agit (21)	capiunt (25)	doleo (9)	circumveniunt (1)	rident (12)

Lösung 27

1. potuerunt 2. properavisti 3. laudavimus 4. prohibui 5. doluisti 6. noluimus 7. petivistis | 8. corripuimus 9. complevisti 10. amavit 11. deposuerunt 12. composuit 13. flevisti 14. rogavisti 15. habuistis 16. delectavi 17. intraverunt 18. praebuit 19. clamavit | 20. cupivit 21. fuerunt 22. placuerunt | 23. debuistis 24. paruisti 25. nuntiaverunt 26. munivit | 27. tenuisti 28. spectavistis 29. colui 30. tacuit 31. dubitavistis 32. cogitavisti 33. aluistis

Lösungssatz: Romulus Remum fratrem per iram necavit. (Romulus tötete seinen Bruder Remus im Zorn.)

Lösung 28

nex: Tod | liber: Buch | lacrima: Träne | ripa: Ufer | poeta: Dichter | maritus: Ehemann | potui: ich konnte | sinistra: linke Hand | urbs: Hauptstadt | carmen: Gedicht | comes: Gefährte | propinquus: Verwandter | multitudo: Menge | hospes: Fremder | hostis: Landesfeind | salus: Gesundheit | frater: Bruder | gratia: Gefälligkeit | possumus: wir können | gaudium: Freude | munus: Geschenk | vox: Stimme | calamitas: Niederlage | agmen: Heereszug | imperator: Befehlshaber | potuistis: ihr konntet

Lösung 29

colere – coluisse | complere – complevisse | componere – composuisse | corripere – corripuisse | cupere – cupivisse | deponere – deposuisse | esse – fuisse | flere – flevisse | munire – munivisse | nolle – noluisse | petere – petivisse | posse – potuisse | tenere – tenuisse | alere – aluisse | velle – voluisse | carere – caruisse | audire – audivisse | scire – scivisse | amare – amavisse | tenere – tenuisse | habere – habuisse | laborare – laboravisse | orare – oravisse | necare – necavisse

Lösung 30

1. Constat **Horatium** cum comitibus in ponte Sublicio **fuisse.**
2. Scimus **multitudinem** hostes videre non **potuisse.**
3. **Hostes** ripam **petivisse** constat.
4. Puto **Romanos** patriam defendere **cupivisse.**
5. Mihi placet **Horatium** gladium **corripuisse.**

6. **Adulescentes** Horatium **necavisse** puto.
7. Constat **deum** Horatio **adfuisse.**

Lösungssatz: Cloelia ad Porsennam redit. (Cloelia kehrt zu Porsenna zurück.)

Lösung 31

sed: aber, sondern – se: sich – te: dich – de: von … her(ab), über – do: ich gebe – deo: dem Gott | pons: Brücke – mons: Berg | pater: Vater – mater: Mutter – frater: Bruder | hostes: Feinde – hospes: Fremder, Gast(geber) | parat: er bereitet – paret: er gehorcht – patet: er steht offen | quis: wer – quid: was – quod: dass, weil | fui: ich war – fur: Dieb – cur: warum – cum: mit – tum: da, damals, darauf, dann – tu: du | in: mit Abl.: in, an, auf, bei *(wo?)*; mit Akk.: in … hinein, nach … hin *(wohin?)* – an: oder – ab: von … her – ad: an, bei, nach, zu | vendo: ich verkaufe – venio: ich komme | video: ich sehe – rideo: ich lache (aus) | iam: schon, nun – nam: denn, nämlich | oro: ich bitte, bete – orno: ich schmücke | vir: Mann – via: Straße, Weg | ara: Altar – ama: liebe – arma: Waffen, Gerät | ut: wie – et: und, auch – eo: dorthin – ego: ich | ibi: dort – ubi: wo; sobald – urbi: der Stadt

Lösung 32

6 coluerunt – 7 sie pflegten, verehrten | 34 fuerunt – 35 sie waren | 36 cupiverunt – 37 sie verlangten, wünschten | 13 noluerunt – 14 sie wollten nicht | 30 compleverunt – 31 sie füllten an | 15 aluerunt – 27 sie ernährten, zogen groß | 3 tenuerunt – 16 sie hielten (fest), besaßen | 8 petiverunt – 21 sie suchten auf, erstrebten | 20 caruerunt – 33 sie waren frei, hatten nicht | 4 praebuerunt – 17 sie gaben, hielten hin | 8 nuntiaverunt – 9 sie meldeten | 19 prohibuerunt – 20 sie hielten ab, hinderten | 2 audiverunt – 3 sie hörten | 6 voluerunt – 19 sie wollten | 12 fleverunt – 13 sie (be)weinten | 21 putaverunt – 34 sie glaubten, meinten | 13 deposuerunt – 39 sie legten ab/nieder | 15 habuerunt – 16 sie hatten, hielten | 23 cogitaverunt – 36 sie dachten, beabsichtigten | 19 necaverunt – 32 sie töteten | 10 tacuerunt – 11 sie (ver)schwiegen | 1 composuerunt – 2 sie verglichen, fassten ab | 1 laudaverunt – 15 sie lobten | 23 potuerunt – 24 sie konnten | 7 portaverunt – 20 sie trugen, brachten | 10 corripuerunt – 23 sie ergriffen, rissen an sich | 17 dubitaverunt – 30 sie zögerten, zweifelten

Lösungswort: PLACET

Lösung 33

1 aedificia tuta **2** in multis templis **3** ultimum regem **4** consuli bono **5** multis iniuriis **6** necis malae **7** magna voce **8** poetam bonum **9** templa Romana **10** imperatorum superborum **11** magnis equis **12** tota multitudine **13** vitae tutae **14** furibus miseris **15** ultima urbs **16** multo sanguine **17** vino malo **18** totae gentis **19** hostes superbos **20** comiti misero **21** multis calamitatibus **22** multa munera **23** magnus vir **24** puerorum Romanorum

Lösung 34

1 postremo – schliesslich **2** an – oder **3** frustra – vergeblich **4** inquit – sagte er **5** sanguinis – des Blutes **6** deinde – darauf **7** enim – naemlich **8** quidem – zwar **9** adhuc – noch **10** constat – es steht fest **11** scelus – Verbrechen **12** causae – Ursachen **13** primum – erstens **14** eo – dorthin **15** propius – naeher **16** ubi – sobald **17** procul – von fern **18** se – sich **19** propter – wegen **20** ego – ich **21** rex – Koenig **22** ut – wie **23** placet – es gefaellt **24** ita – so **25** mihi – mir **26** timent – sie fuerchten **27** mecum – mit mir **28** mors – Tod **29** fiducia – Vertrauen **30** num – etwa **31** si – falls **32** multa – vieles

Lösungssätze: Tarquinius Superbus rex ultimus fuit. Tarquinius Superbus war der letzte König.

Lösung 35

Waagrecht: 5. egisti **6.** pervenisti **7.** accedo **9.** consulis **12.** vicerunt **16.** vis **18.** amittit **19.** ceperunt **20.** ridetis **21.** timere **22.** videt | **Senkrecht: 1.** noluit **2.** duxistis **3.** faciunt **4.** terruisse **8.** convenit **9.** cognoscere **10.** reliquimus **11.** dicimus **13.** censui **14.** potui **15.** aperuimus **17.** maneo **18.** aspicitis

Lösung 36

Hannibal:
„Mecum magnum agmen militum et multi equi patriam nostram reliquerunt. Nunc copiae meae in Italiam pervenerunt, sed multa arma, bestias, milites amisi. Iter per Alpes feci, quia vobiscum, milites, Romanos terrere volui. Nunc Romani me et vos timent, nam multa oppida cepimus. Nunc Italia mihi et vobis patet."

Miles:
„Semper paruimus, quia nobiscum vivis. Itaque te amamus et milites tui sumus. Vitam tecum agere nos delectat; nobis placet tibi gratias agere!"

Lösungssatz: Moenia Romae alta sunt. (Roms Mauern sind hoch.)

Lösung 37

1. quod: Nom. Sg. n **(10)**, Akk. Sg. n **(5)**
2. quem: Akk. Sg. m **(9)**
3. quo: Abl. Sg. n **(7)**
4. qui: Nom. Sg. m **(10)**, Nom. Pl. m **(6)**
5. qua: Abl. Sg. f **(7)**
6. quae: Nom. Sg. f **(10)**, Nom. Pl. f **(8)**, Nom. Pl. n **(4)**
7. quam: Akk. Sg. f **(9)**
8. quibus: Abl. Pl. m **(8)**, Abl. Pl. f **(7)**, Dat. Pl. n **(11)**
9. cui: Dat. Sg. m **(8)**, Dat. Sg. f **(7)**
10. quorum: Gen. Pl. m **(9)**, Gen. Pl. n **(11)**

Karthago wurde von den Römern im Jahr 146 v. Chr. zerstört.

Lösung 38

1. Iam multa audivimus de Hannibale, quem milites Poenorum amaverunt. – Wir haben schon viel über Hannibal gehört, den die Soldaten der Punier liebten.

2. Imperatori fuit magna virtus, qua cunctos adulescentes superavit. – Der Feldherr besaß große Tüchtigkeit, in der er alle anderen° jungen Männer übertraf.

3. Tamen Scipio Africanus virum clarum uno proelio vicit, quod cum hoste Romanorum in Africa pugnavit. – Dennoch besiegte Scipio Africanus den berühmten Mann in einer einzigen Schlacht, die er mit dem Feind der Römer in Afrika kämpfte.

4. Itaque senatores Romani, quos victoria Scipionis gaudio complevit, imperatori triumphum *(Triumphzug)* decreverunt. – Deshalb beschlossen die römischen Senatoren, die der Sieg Scipios mit Freude erfüllte, für den Feldherrn einen Triumphzug.

5. Paulo post Scipio cum legionibus, quas Romani laudaverunt, triumphum egit. – Kurz danach hielt Scipio mit den Legionen, die die Römer lobten, einen Triumphzug ab.

6. Postea autem Scipio propter crimina falsa, quibus senatores imperatorem accusaverunt, Romam relinquere debuit. – Später aber musste Scipio wegen der falschen Anschuldigungen, mit denen Senatoren den Feldherrn anklagten, Rom verlassen.

Lösung 39

Triminoschema → s. Anlage 3

Lösung 40

A. 12 pflege!: cura – **6** ich arbeite: laboro – **3** (mit) dem anderen: (cum) alio – **17** ich ernähre: alo – **25** ich handelte: egi – **11** durch den Tod: nece – **14** und nicht: neque – **10** schließlich: denique – **20** Sitte, Brauch: mos – **18** dorthin: eo – **23** ich war: fui – **13** etwa?: num – **7** niemals: numquam

– **5** weil: quia – **26** freilich, gewiss: quidem – **4** zuerst: primo – **9** zum ersten Mal: primum – **27** (so) wie: sicut – **29** es ist bekannt: constat – **2** beschließen: decernere – **16** ablegen: deponere – **24** Freigelassene: liberti – **8** vertrauen: confidere – **19** sich setzen: considere – **21** haltmachen: consistere – **15** Beratung, Plan: consilium – **28** Gastmahl: convivium – **22** dem Konsul: consuli – **1** des Heereszuges: agminis

Lösungssatz: Scipio Africanus Poenos subiecit. (Scipio Africanus unterwarf die Punier.)

B. vero: aber, in der Tat, wirklich | cur: warum | apud: (nahe) bei | an: oder | adhuc: bis jetzt, noch | enim: nämlich, in der Tat | procul: von fern, weit weg | nam: denn, nämlich | hic: hier | ad: an, bei, nach, zu | propius: näher | ecce: schau(t) | illuc: dahin, dorthin | ibi: dort | iam: schon, nun | ave: sei gegrüßt | nonne: (etwa) nicht | paulo: (um) ein wenig | palam: bekannt, in der Öffentlichkeit | ego: ich | per: (hin)durch | de: von, von … her(ab), über | frustra: vergeblich | num: etwa | tantum: nur | diu: lange Zeit | ubi: wo; sobald | tum: da, damals, darauf, dann | certe: gewiss, sicher | hodie: heute

---

Lösung 41

(T) ei homini | **(I)** ea urbe | **(R)** eam mulierem | **(O)** eis/iis sceleribus – **(A)** eius noctis | **(M)** is somnus | **(I)** ea arma | **(C)** eo sene | **(U)** eorum regum | **(S)** eum comitem – **(C)** eo hoste | **(I)** ea voce | **(C)** id vinum | **(E)** eos senatores superbos | **(R)** earum urbium | **(O)** eis/iis verbis | **(N)** eas matres bonas | **(I)** ea pax | **(S)** eae sorores miserae – **(F)** ii/ei viri et milites | **(U)** eorum itinerum | **(I)** ea exempla | **(T)** ei luci

Lösungssatz: Tiro amicus Ciceronis fuit. (Tiro war Ciceros Freund.)

Lösung 42

3 Buchstaben: ich war – fui
4 Buchstaben: ich schickte – misi | ich gab – dedi
5 Buchstaben: ich ermahnte – monui | ich stand – steti
6 Buchstaben: ich berührte – attigi | ich schloss ab – clausi | ich vertrieb – expuli | ich schlug – pepuli | ich gab auf – dimisi | ich beschäftigte mich – studui
7 Buchstaben: ich eilte – cucurri | ich verteidigte – defendi | ich stand auf – surrexi | ich blieb stehen – restiti | ich zeigte – ostendi | ich unterwarf – subieci | ich beschloss – decrevi | ich blieb zurück – remansi | ich wusste nicht – nescivi
8 Buchstaben: ich strengte mich an – contendi | ich ging weg – discessi | ich richtete ein – institui | ich antwortete – respondi
9 Buchstaben: ich rief herbei – arcessivi
11 Buchstaben: ich nahm wahr – animadverti

Lösungssatz: Ut pater ita filius; ut mater ita filia. (Wie der Vater so der Sohn; wie die Mutter so die Tochter.)

Lösung 43

Caesar Cleopatram, mulierem potentem **[8]** et pulchram **[8]**, amavit. Is **[2]** vir, qui imperatoribus pristinis **[9]** virtute summa **[5]** praestitit, propter eam **[3]** mulierem claram **[6]** in Aegypto mansit. Itaque cives Romani **[6]** putaverunt victorem totius **[6]** Galliae mulieri superbae **[8]** parere. Multi Caesarem etiam servum miserum **[7]** Cleopatrae vocaverunt. Nam imperator amicam magnis **[6]** donis delectavit, postquam Cleopatra virum corpore pulchro **[7]** et ingenti **[7]** copia auri sibi adiunxit. Postquam Cleopatra Romam venit, cives et senatores verba vehementia **[10]** fecerunt de femina, quae, ut putaverunt, solam **[5]** potentiam eius **[4]** viri potentis **[8]** amavit.

Lösungssatz: Die „Thalamegos" war 115 Meter lang.

Lösung 45

Die richtigen Zahlenkombinationen lauten:
2/5 – 9/12 – 15/14 – 4/1 – 5/6 – 1/2 – 10/7 – 2/3 – 7/8 – 14/13 – 8/9 – 5/4

Somit ergibt sich als Lösungsbegriff **AcI**.

Übersetzung des Textes: Wir wissen, dass der Sklave Balbus vor dem Haus des Senators Lucius Caesius Bassus stand. Es steht fest, dass dann Caesia aus dem Haus hinausging. Kurz darauf hörte Chrysalus, dass die Tochter des Senators den Sklaven Balbus ins Haus schickte. Caesia befand nämlich nicht für gut, dass der Mann vor dem Haus war. Balbus betrat das Haus und sah, dass wilde Männer plötzlich das Mädchen ergriffen. Es ist offenkundig, dass Balbus dem Mädchen nicht helfen konnte. Sofort aber erzählte er allen, dass einige Männer Caesia weggeführt hatten. Der Senator Lucius Caesius Bassus vermutete, dass Marcus Fundanius der Rädelsführer bei dem schlimmen Verbrechen (der Anführer des schlechten Verbrechens) war. Jeder wusste nämlich, dass er Caesias Vater mit überheblichen Worten verletzt hatte. Die Ehefrau des Senators aber glaubte nicht, dass Fundanius dieses Verbrechen begangen hatte. Deshalb sagte sie, dass der Verdacht ihres Ehemannes falsch sei. Sofort befahl der Senator seinen Sklaven, seine Tochter wiederzufinden (dass Sklaven seine Tochter wiederfinden).

Lösung 46

Helena uxor Menelai regis fuit. Scimus eam mulierem pulchram Paridem, filium regis Troianorum, amavisse. Itaque Helena cum adulescente ex aedibus mariti excessit. Nonnulli hodie quoque putant Paridem puellam propter corpus pulchrum abduxisse. Constat Menelaum verba vehementia fecisse; nam domum venit et uxorem non iam adesse vidit. Servi enim narraverunt dominam cum viro improbo urbem reliquisse. Manifestum est ea verba regem clarum laesisse et eius iram excitavisse. Iussit servos auctorem sceleris capere et uxorem liberare. Nemo nescit senem paulo post cunctos reges Graeciae <u>convocavisse</u> et hostes in urbe Troia petivisse. Ita propter iniuriam unius duae gentes magnae bellum gerere decreverunt.

Helena war die Ehefrau des Königs Menelaus. Wir wissen, dass diese schöne Frau Paris, den Sohn des Königs der Trojaner, liebte. Deshalb verließ Helena mit dem jungen Mann das Haus ihres Ehemannes (ging Helena ... aus dem Haus ... hinaus). Einige meinen auch heute noch°, dass Paris das Mädchen wegen ihres° schönen Körpers entführte. Es steht fest, dass Menelaus energische Worte sprach (machte); denn er kam nach Hause und sah, dass seine° Ehefrau nicht mehr da war. Die Sklaven erzählten nämlich, dass ihre° Herrin mit dem schlechten Mann die Stadt verlassen habe. Es ist offenkundig, dass diese Worte den berühmten König verletzten und seinen Zorn erregten. Er befahl seinen° Sklaven, den Rädelsführer bei diesem Verbrechen (den Anführer des Verbrechens) zu fangen (fassen) und seine° Ehefrau zu befreien. Jeder weiß, dass der alte Mann kurz darauf alle Könige Griechenlands zusammengerufen und die Feinde angegriffen hat. So beschlossen wegen der Gewalttat eines Einzigen zwei große Völker, Krieg zu führen.

Lösungssatz: Menelaus non probavit Paridem Helenam rapuisse. Menelaus befand nicht für gut, dass Paris Helena geraubt hatte.

Lösung 47

Waagrecht: 3. bellis **8.** defendit **10.** potuerunt **11.** virtutibus **12.** auctoris **13.** rapiunt **15.** itinera **18.** tibi **20.** sum **25.** potestis **27.** voluisti **28.** do **29.** vehemens **32.** ruerunt **36.** possum **37.** nolumus **38.** quaerunt **40.** commisisse **41.** eos **43.** repperit **44.** gladii | **Senkrecht: 1.** manifesta **2.** adest **4.** excessi **5.** laedunt **6.** interroga **7.** vultis **9.** egi **10.** potenti **14.** abduxisse **16.** regno **17.** este **19.** excedite **21.** agmina **22.** continemus **23.** capitibus **24.** pulchra **26.** quaerere **27.** vos **30.** eripere **31.** ei **33.** noluistis **34.** improbi **35.** noctium **39.** ferae **42.** ego

Lösung 48

INITIUM | protinus – sofort | semper – immer | nuper – neulich, vor kurzem | tandem – endlich | primum – erstens, zuerst, zum ersten Mal | postea – nachher, später | repente – plötzlich | iam – schon, nun | prima luce – bei Tagesanbruch | tum – da, damals, darauf, dann | postremo – schließlich | statim – auf der Stelle, sofort | denique – schließlich, zuletzt | adhuc – bis jetzt, noch | subito – plötzlich | non iam – nicht mehr | deinde – dann, darauf | numquam – niemals | primo – zuerst | multa nocte – in tiefer Nacht | hodie – heute | nunc – jetzt, nun | paulo post – kurz darauf | **FINIS**

Lösung 49

A.

1–1–1	possum	1–2–1	potui
2–1–1	potes	2–2–1	potuisti
3–1–1	potest	3–2–1	potuit
4–1–1	possumus	4–2–1	potuimus
5–1–1	potestis	5–2–1	potuistis
6–1–1	possunt	6–2–1	potuerunt

1–1–2	timeo	1–2–2	timui
2–1–2	times	2–2–2	timuisti
3–1–2	timet	3–2–2	timuit
4–1–2	timemus	4–2–2	timuimus
5–1–2	timetis	5–2–2	timuistis
6–1–2	timent	6–2–2	timuerunt

1–1–3	sentio	1–2–3	sensi
2–1–3	sentis	2–2–3	sensisti
3–1–3	sentit	3–2–3	sensit
4–1–3	sentimus	4–2–3	sensimus
5–1–3	sentitis	5–2–3	sensistis
6–1–3	sentiunt	6–2–3	senserunt

1–1–4	sum	1–2–4	fui
2–1–4	es	2–2–4	fuisti
3–1–4	est	3–2–4	fuit
4–1–4	sumus	4–2–4	fuimus
5–1–4	estis	5–2–4	fuistis
6–1–4	sunt	6–2–4	fuerunt

1–1–5	capio	1–2–5	cepi
2–1–5	capis	2–2–5	cepisti
3–1–5	capit	3–2–5	cepit
4–1–5	capimus	4–2–5	cepimus
5–1–5	capitis	5–2–5	cepistis
6–1–5	capiunt	6–2–5	ceperunt

1–1–6	deficio	1–2–6	defeci
2–1–6	deficis	2–2–6	defecisti
3–1–6	deficit	3–2–6	defecit
4–1–6	deficimus	4–2–6	defecimus
5–1–6	deficitis	5–2–6	defecistis
6–1–6	deficiunt	6–2–6	defecerunt

B. animo deficere | clamorem tollere | gratias agere | hostes petere | insidias parare | multum valere | scelus committere | togam sumere | verba facere

C. illuc – dahin, dorthin | sicut – (so) wie | an – oder | quidem – freilich, gewiss, wenigstens, zwar | procul – von fern, weit weg | equidem – (ich) allerdings, freilich | solum – nur | etsi – auch wenn, obwohl | autem – aber, andererseits | undique – von allen Seiten | palam – bekannt, in der Öffentlichkeit | circiter – ungefähr | quoque – auch | frustra – vergeblich | ecce – schau(t), sieh/ seht da! | imprimis – besonders, vor allem | diu – lange Zeit | ita – so

Lösung 50

A. 1. scelera: n (Alle anderen Formen sind Feminina.)
2. signi: Sg. (Alle anderen Formen sind Pluralformen.)
3. tunica: Nom. (Alle anderen Formen sind Akkusative.)
4. de + Abl. (Alle anderen Präpositionen führen den Akkusativ bei sich.)
5. cur: Fragewort (Alle anderen Wörter sind Adverbien.)
6. scio: i-Konj. (Alle anderen Formen gehören der kons. Konjugation an.)
7. barbara: a-Dekl. (Alle anderen Formen gehören der 3. Deklination an.)
8. ducit: Präs. (Alle anderen Formen sind Perfektformen.)
9. claudere (Alle anderen Verben gehören dem Wortfeld „gehen" an.)
10. vitare (Alle anderen Wörter gehören dem Sachfeld „Kampf" an.)

Lösung: Lucius Caesius

B. emo: ich kaufe | ago: ich (ver)handle, treibe | egi: ich (ver)handelte, trieb | lux: (Tages-)Licht | rex: König | nox: Nacht | nex: Mord, Tod | vox: Äußerung, Laut, Stimme | pax: Friede | mos: Sitte, Brauch; *Pl.* Charakter | vos: ihr, euch | nos: wir, uns | mors: Tod | sors: Los, Orakelspruch, Schicksal | solum: nur | salus: Gesundheit, Glück, Rettung, Gruß | solus: allein, einzig | scelus: Verbrechen, Schurke | virtus: Tapferkeit, Tüchtigkeit, Vortrefflichkeit, Leistung; *Pl.* gute Eigenschaften, Verdienste | vires: (Streit-)Kräfte | virgo: Mädchen, junge Frau | vir: Mann | vis: Gewalt, Kraft, Menge | quamquam: obwohl | numquam: niemals | postquam: nachdem | quoque: auch | undique: von allen Seiten | neque: und nicht, auch nicht, nicht einmal | ita: so | iter: Reise, Weg, Marsch | ira: Zorn | vita: Leben, Lebensweise | homo: Mensch | hostis: (Landes-)Feind | umerus: Oberarm, Schulter | animus: Geist, Mut, Gesinnung, Herz | angustus: eng, schwierig

Lösung 51

Waagrecht: 1. faciebant **5.** muniebant **7.** rapiebamus **8.** dicebamus **12.** monebat **13.** committebamus **14.** prohibebat **17.** terrebamus **21.** amabat **23.** ridebas **25.** eripiebat **26.** stabant **29.** desiderabas **32.** concedebant **33.** reperiebas **35.** mittebam **37.** quiescebamus **38.** abducebatis **39.** intrabam | **Senkrecht: 2.** nesciebamus **3.** continebam **4.** vocabas **6.** volabam **9.** sentiebam **10.** attingebant **11.** valebant **15.** ruebat **16.** trahebat **18.** studebatis **19.** capiebatis **20.** inducebatis **22.** crescebam **24.** eras **27.** laedebatis **28.** carebam **30.** aperiebam **31.** relinquebat **34.** pellebatis **36.** quaerebat

Lösung 52

1. nuntiabam **2.** manebas **3.** capiebamus **4.** patebat **5.** existimabatis **6.** veniebam **7.** sciebant **8.** emebam **9.** faciebant **10.** videbas **11.** exspectabant **12.** ducebat **13.** dabamus **14.** habebat **15.** properabamus **16.** respondebam **17.** liberabatis **18.** complebas **19.** alebamus **20.** superabant

Lösungssatz: Neptunus deus in mari habitabat. (Der Gott Neptun wohnte im Meer.)

Lösung 53

INITIUM – multis laboribus **(F)**: vielen Arbeiten/durch viele Arbeiten | **(O)** magno clamore **(R)**: durch lautes Geschrei | **(T)** amicis nobilibus **(U)**: den adeligen Freunden/durch die adeligen Freunde | **(N)** officium facile **(A)**: die leichte Pflicht | **(■)** fratres fortes **(F)**: die tapferen Brüder | **(O)** magna virtute **(R)**: durch große Tapferkeit | **(T)** cunctae virgines **(I)**: alle Mädchen | **(B)** omnium copiarum **(U)**: aller Truppen | **(S)** nave celeri **(■)**: durch ein schnelles Schiff | **(A)** militis fortis **(D)**: des tapferen Soldaten | **(E)** verba vehementia **(S)**: die heftigen Worte | **(T)** ingentem undam: die gewaltige Welle – FINIS

Lösungssatz: Fortuna fortibus adest. (Das Glück hilft den Tapferen.)

Lösung 54

peris: du gehst zugrunde | adeunt: sie treten heran | adisti: du tratest heran | inibat: er ging hinein | adibas: du tratest heran | initis: ihr geht hinein | perite: geht zugrunde! | inibam: ich ging hinein | transi: geh hinüber! | adistis: ihr tratet heran | inibant: sie gingen hinein | perisse: zugrunde gegangen (zu) sein | perimus: wir gehen zugrunde | transii: ich ging hinüber | transeo: ich gehe hinüber | transit: er geht hinüber | adibatis: ihr tratet heran | adibamus: wir traten heran | inierunt: sie gingen hinein | periimus: wir gingen zugrunde | transire: hinübergehen | transiit: er ging hinüber

A. **1.** adestis **2.** piratis **3.** cunctis **4.** sororis **5.** auditis **6.** egistis **7.** aspicis **8.** peritis **9.** gladiis **10.** fuistis **11.** hominis **12.** ruistis

B. celere (19) – celeria (22) | celeri (9) – celeribus (8) | cui (17) – quibus (18) | cuius (24) – quorum (23)/quarum (21) | ei (2) – eis (1)/iis (3) | fortis (16) – fortium (17) | id (2) – ea (5) | it (20) – eunt (23) | magnae (7) – magnarum (8) | magnum (15) – magnos (10)/magna (14) | mihi (13) – nobis (14) | senatore (19) – senatoribus (20) | senatoris (4) – senatorum (1) | vehemens (11) – vehementia (10)/vehementes (12)

Lösungswort: FINIS

vita – mors | sinistra – dextera | bellum – pax | occupare – liberare | ignorare – scire | carere – habere | credere – dubitare | claudere – aperire | amittere – reperire | ridere – flere | quaerere – respondere | venire – relinquere | sedere – stare | imperare – parere | maritus – uxor | bonus – malus | primus – ultimus | verus – falsus | probus – sceleratus | properare – consistere | arcessere – expellere | clarus – obscurus | servare – necare | discedere – manere

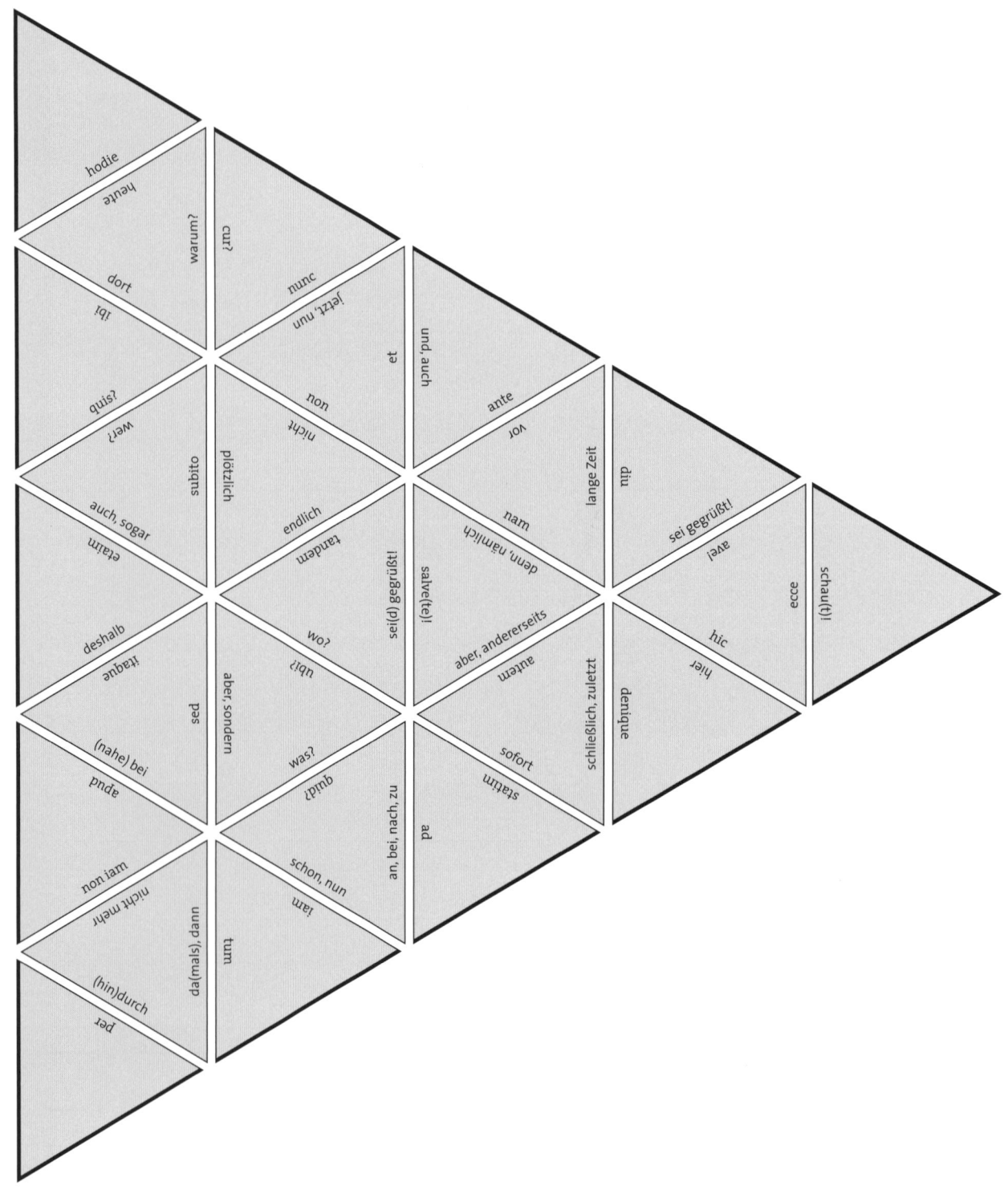

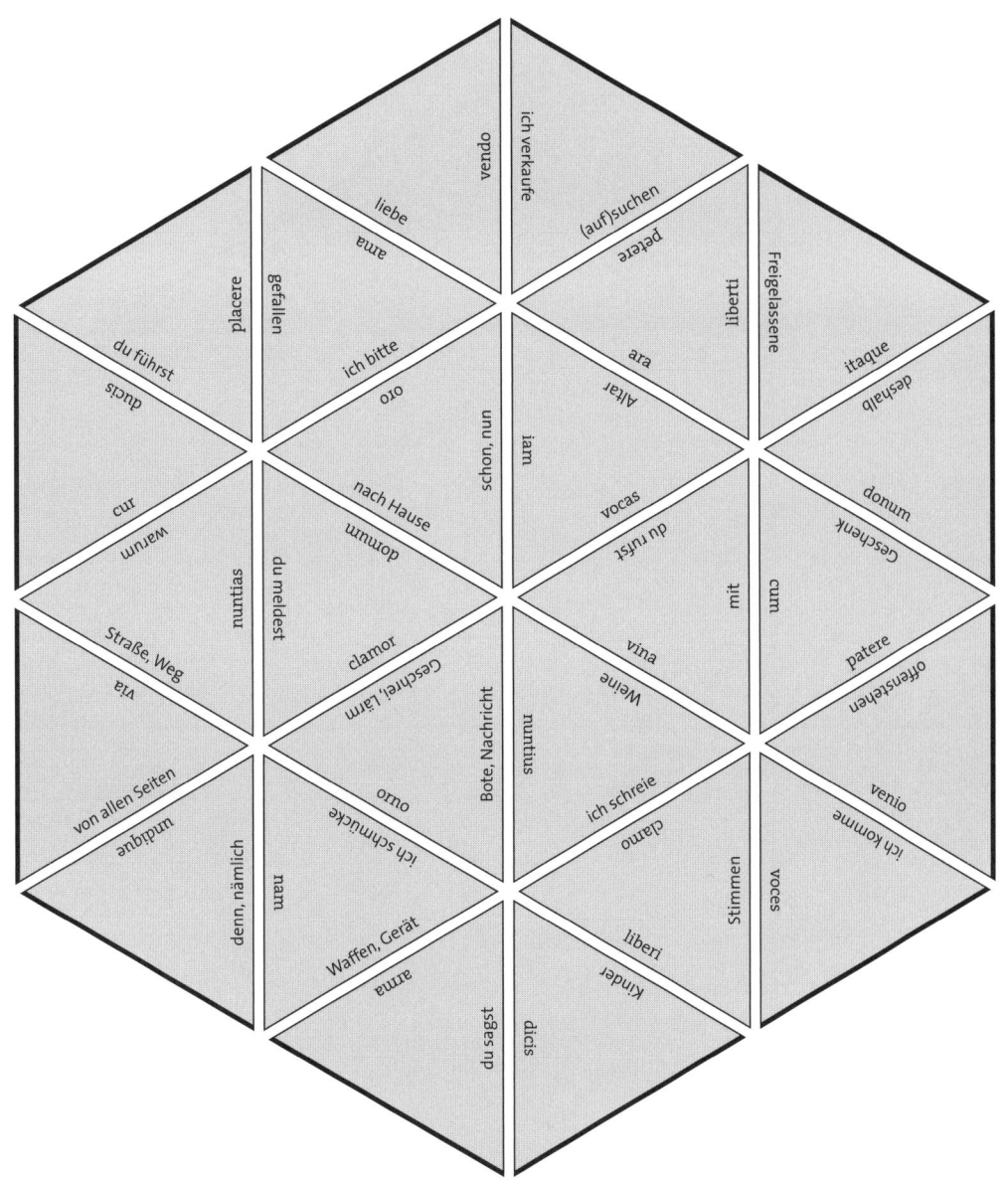

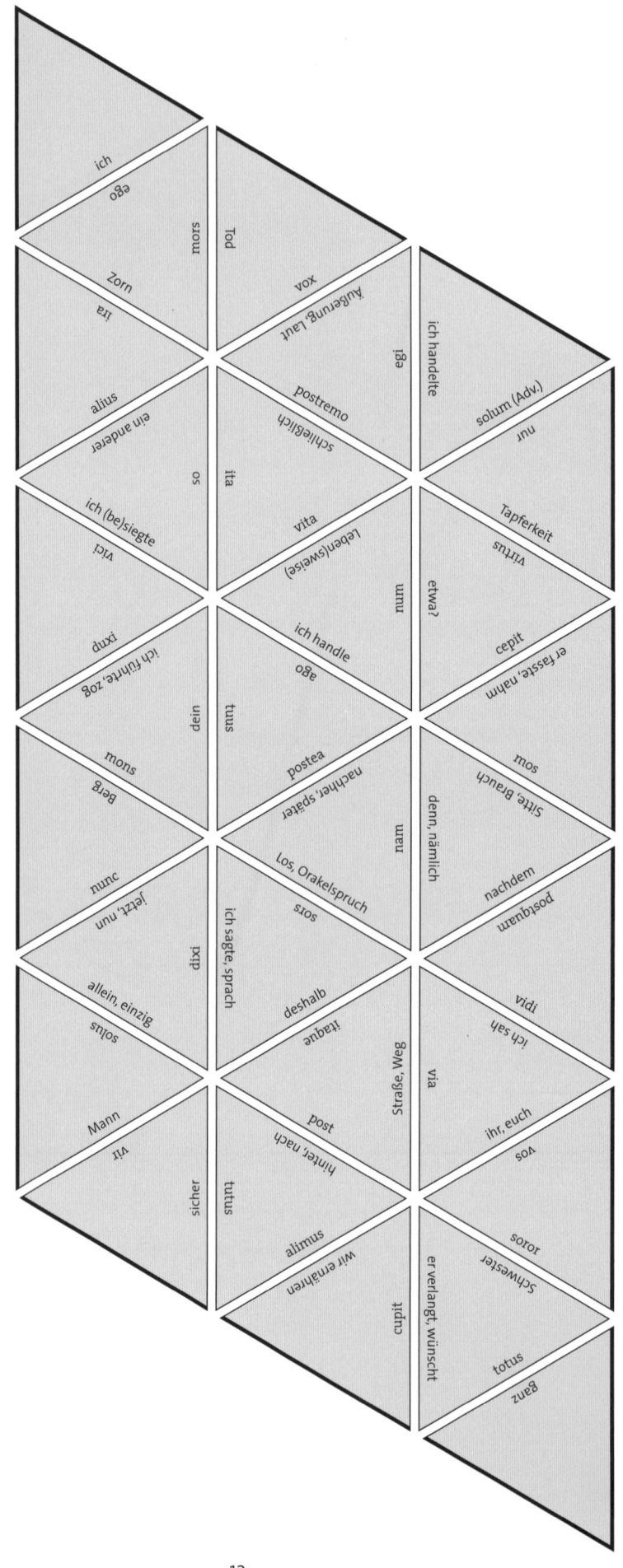